中国工程院院士
是国家设立的工程科学技术方面的最高学术称号，为终身荣誉。

中国工程院院士传记

刘大钧传

刘琨 李群 著

中国农业出版社

图书在版编目（CIP）数据

刘大钧传 / 刘琨，李群著. —北京：中国农业出版社，2021.6
（中国工程院院士传记）
ISBN 978-7-109-28411-1

Ⅰ．①刘…　Ⅱ．①刘…②李…　Ⅲ．①刘大钧–传记
Ⅳ．① K826.15

中国版本图书馆CIP数据核字(2021)第120765号

刘大钧传
LIUDAJUN ZHUAN

中国农业出版社出版
地址：北京市朝阳区麦子店街18号楼
邮编：100125
责任编辑：徐　晖　张雯婷　　文字编辑：耿增强　张雯婷
版式设计：王　晨　责任校对：周丽芳
印刷：中农印务有限公司
版次：2021年6月第1版
印次：2021年6月北京第1次印刷
发行：新华书店北京发行所
开本：700mm×1000mm　1/16
印张：15.75　插页：14
字数：215千字
定价：78.00元

中国工程院院士　刘大钧

让全中国人民永远
丰衣足食，同时又要保护
好资源和环境，这始终
是一项既光荣又艰巨的
任务。农业科技工作者一定
要十分重视和其它科技领
域的紧密结合，去做出自己
应有的贡献。

刘大钧

2000.11.

中国工程院院士　刘大钧题字（时年75岁）

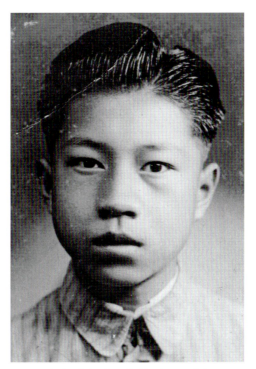

青年时期的刘大钧（1944年）

南京金陵大学毕业后留校任教的刘
大钧（1950年）

刘大钧远赴苏联莫斯
科季米里亚捷夫农学院进
修（1955年）

在苏联莫斯科留学
期间刘大钧与同学合影
（1958年）

刘大钧（左三）参加
小麦品种研究室工作会议
（1964年）

刘大钧（右二）与同事、学生在试验田观察小麦生长情况（20世纪80年代）

刘大钧在实验室工作（1983年）

刘大钧（前排右二）和陈佩度、王耀南接待国际小麦玉米改良中心小麦育种部主任Sanjaya Rajaram博士（右一）来访（20世纪80年代中期）

刘大钧（左一）、马育华（左二）在染色体工程成果鉴定会上（1985年）

"宁麦三号"主要培育者（从左至右：陈佩度、刘大钧、陆维忠）在试验田观察麦情（20世纪90年代）

刘大钧（左）与陈佩度在试验田观察麦情（20世纪90年代末）

刘大钧（右一）陪同科学技术部生物技术中心主任（"863"项目负责人）丁勇（中间）参观南京农业大学小麦遗传育种试验站（2001年）

刘大钧在云南考察两系杂交小麦（2005年）

刘大钧(左一)在实验室向学生传授植物染色体切片技术（20世纪90年代中期）

刘大钧（左）与青年教师齐莉莉（右）在试验田观察麦情（1995年）

刘大钧指导青年教师提高实验技能（20世纪80年代）

刘大钧与硕士毕业生合影照（1990年）

获 奖 证 明

刘大钧 同志参与"小麦抗病生物技术育种研究与应用"项目的研究工作，荣获国家科学技术进步二等奖，因一级证书受名额限制，特此证明。

南京农业大学
2007年2月28日

荣获"国家科学技术进步奖"二等奖（2007年）

荣获"国家技术发明奖"二等奖（2007年）

刘大钧院士：

在您九十华诞到来之际，谨致以热烈的祝贺和诚挚的敬意。您不负党和人民的重托，发扬严谨的科学精神和崇高的道德风尚，扎实工作、开拓创新，为我国科学技术事业发展、经济社会发展作出了重大贡献。在此衷心祝愿您：生日快乐，健康长寿！

中国工程院

周济

二〇一六年七月二日

中国工程院院长周济祝贺刘大钧九十华诞（2016年）

刘大钧、陆家云夫妻
合影（1955年）

刘大钧与长子刘光宇
（20世纪50年代）

刘大钧、陆家云夫妻
与长子刘光宇、长女刘光
仪合影（20世纪60年代）

刘大钧与家人

刘大钧夫妻与长子刘光宇在加拿大蒙特利尔合影 (1999年)

刘大钧与孙子合影 (2002年)

刘大钧全家福 (2002年)
前排：陆家云、刘大钧、孙子和外孙；后排：丁旭如（儿媳）、刘光宇（长子）、蒋全华（女婿）、刘光仪（长女）

刘大钧在实验室与学生倾心交流（1994年）

刘大钧（左三）参加博士研究生学位论文答辩会（2000年）

刘大钧（右）拜访世界著名育种学家、诺贝尔奖获得者Norman E. Borlaug博士（左）（20世纪80年代）

刘大钧（左一）接待美国专家Dr.Gorden Kimber（1985年）

刘大钧（左二）访问英国洛桑试验站（1986年）

　　刘大钧（左四）与农业部教育司副司长孙翔（右三）等访问苏联莫斯科季米里亚捷夫农学院（1989年）

刘大钧（左一）访问美国康奈尔大学，与马正强及其导师 Mark Sorrel（右一）合影（20世纪90年代初）

刘大钧（右）在郑州中国遗传学会植物遗传委员会第四次全国代表大会期间与翁益群（左）合影（1991年）

刘大钧（前排右二）接
待麦氏基金项目美方共同主
持人Bikram Gill（前排左二）
（1999年）

刘大钧（右二）接待
麦氏基金会代表Kabutha博
士（左二）考察试验基地
（2001年）

刘大钧（右二）访问意
大利Strambelli小麦育种实验
站（2001年）

刘大钧（前排左七）与毕业生合影留念（1984年）

刘大钧（右一）拜访著名小麦育种专家庄巧生院士（1987年）

刘大钧（右二）检查学校科研工作（1990年）

刘大钧（右一）陪同金善宝（原南京农学院院长）参观南京夫子庙（1994年）

荣获"江苏省优秀研究生教师"荣誉（1993年）

荣获"江苏省科学技术进步奖"二等奖（2005年）

中国工程院院士传记系列丛书

领导小组

顾　问：宋　健　徐匡迪　周　济

组　长：李晓红

副组长：陈左宁　蒋茂凝　邓秀新　辛广伟

成　员：陈建峰　陈永平　徐　进　梁晓捷　唐海英
　　　　黄海涛

编审委员会

主　任：陈左宁　蒋茂凝　邓秀新

副主任：陈鹏鸣　徐　进　陈永平

成　员：葛能全　唐海英　吴晓东　黎青山　赵　千
　　　　陈姝婷　侯　春

编撰出版办公室

主　任：赵　千

成　员：侯　春　徐　晖　张　健　方鹤婷　姬　学
　　　　高　祥　王爱红　宗玉生　张　松　王小文
　　　　张秉瑜　张文韬　聂淑琴

本书编辑出版工作组

　成　员：唐海英　赵　千　郑召霞　方鹤婷　陈佩度

　　　　　张国擎　丁艳锋　李　群　王秀娥　刘　琨

　　　　　徐　晖　王红梅

总　序

　　20世纪是中华民族千载难逢的伟大时代。千百万先烈前贤用鲜血和生命争得了百年巨变、民族复兴，推翻了帝制，肇始了共和，击败了外侮，建立了新中国，独立于世界，赢得了尊严，不再受辱。改革开放，经济腾飞，科教兴国，生产力大发展，告别了饥寒，实现了小康。工业化雷鸣电掣，现代化指日可待。巨潮洪流，不容阻抑。

　　忆百年前之清末，从慈禧太后到满朝文武开始感到科学技术的重要，办"洋务"，派留学，改教育。但时机瞬逝，清廷被辛亥革命推翻。五四运动，民情激昂，吁求"德、赛"升堂，民主治国，科教兴邦。接踵而来的，是18年内战、14年抗日和3年解放战争。恃科学救国的青年学子，负笈留学或寒窗苦读，多数未遇机会，辜负了碧血丹心。

　　1928年6月9日，蔡元培主持建立了中国近代第一个国立综合性科研机构——中央研究院，设理化实业研究所、地质研究所、社会科学研究所和观象台4个研究机构，标志着国家建制科研机构的诞生。20年后，1948年3月26日遴选出81位院士（理工53位，人文28位），几乎都是20世纪初留学海外、卓有成就的科学家。

　　中国科技事业的大发展是在新中国成立以后。1949年11月1日成立了中国科学院，郭沫若任院长。1950—1960年有2 500多名留学海外的科学家、工程师回到祖国，成为大规模发展中国科技事业的第一批领导骨干。国家按计划向苏联、东欧各国派遣1.8万各类科技人员留学，全都按期回国，成为建立科研和现代工业的骨干力量。高等学校从新中国成立初期的200所增加到600多所，年招生增至28万人。到21世纪初，高等学校2263所，年招生600多万人，科技人力总资源量超过5000万人，具有大学本科以上学历科技人才达1600万人，已接近最发达国家水平。

新中国成立70多年来，从一穷二白成长为科技大国。年产钢铁从1949年的15万吨增加到2011年的粗钢6.8亿吨、钢材8.8亿吨，几乎是8个最发达国家（G8）总年产量的2倍。20世纪50年代钢铁超英赶美的梦想终于成真。水泥年产20亿吨，超过全世界其他国家总产量。中国已是粮、棉、肉、蛋、水产、化肥等第一生产大国，保障了13亿人口的食品和穿衣安全。制造业、土木、水利、电力、交通、运输、电子通讯、超级计算机等领域正迅速逼近世界前沿。"两弹一星"、高峡平湖、南水北调、高公高铁、航空航天等伟大工程的成功实施，无可争议地表明了中国科技事业的进步。

党的十一届三中全会以后，实行改革开放，全国工作转向以经济建设为中心。加速实现工业化是当务之急。大规模社会性基础建设，大科学工程、国防工程等是工业化社会的命脉，是数十年、上百年才能完成的任务。中国科学院张光斗、王大珩、师昌绪、张维、侯祥麟、罗沛霖等学部委员（院士）认为，为了顺利完成中华民族这项历史性任务，必须提高工程科学的地位，加速培养更多的工程科技人才。中国科学院原设的技术科学部已不能满足工程科学发展的时代需要。他们于1992年致书党中央、国务院，建议建立"中国工程科学技术院"，选举那些在工程科学中做出重大的、创造性成就和贡献、热爱祖国、学风正派的科学家和工程师为院士，授予终身荣誉，赋予科研和建设任务，请他们指导学科发展，培养人才，对国家重大工程科学问题提出咨询建议。中央接受了他们的建议，于1993年决定建立中国工程院，聘请30名中国科学院院士和遴选66名院士共96名为中国工程院首批院士。于1994年6月3日，召开了中国工程院成立大会，选举朱光亚院士为首任院长。中国工程院成立后，全体院士紧密团结全国工程科技界共同奋斗，在各条战线上都发挥了重要作用，做出了新的贡献。

中国的现代科技事业比欧美落后了200年。虽然在20世纪有了巨大进步，但与发达国家相比，还有较大差距。祖国的工业化、现代化建设，任重道远，还需要有数代人的持续奋斗才能完成。况且，世界在进步，科学无止境，社会无终态。欲把中国建设成科技强国，屹立于世界，必须持续培养造就数代以千万计的优秀科学家和工程师，服膺接力，担当使命，开拓创新，更立新功。

中国工程院决定组织出版《中国工程院院士传记》丛书，以记录他们对祖国和社会的丰功伟绩，传承他们治学为人的高尚品德、开拓创新的科学精神。他们是科技战线的功臣，民族振兴的脊梁。我们相信，这套传记的出版，能为史书增添新章，成为史乘中宝贵的科学财富，俾后人传承前贤筚路蓝缕的创业勇气、魄力和为国家、人民舍身奋斗的奉献精神。这就是中国前进的路。

序　言

　　1957年，我在南京农学院毕业并留校任教，从此与刘大钧院士相识交往半个多世纪，我们一直保持着亦师亦友的亲密合作关系，他已经离开我们将近5年，其音容笑貌却时常出现在脑海中。不久前，中国农业出版社拟出版《刘大钧传》，托我作序，欣然应允。

　　大钧先生是1949年毕业于南京金陵大学，经靳自重教授推荐留校任教。20世纪50年代中期公派苏联留学，学成回国后毕生致力于小麦遗传育种研究，在南京农学院（后更名为南京农业大学）工作至退休。他将整个生命奉献给祖国的小麦育种事业，在国内率先开辟外源优异基因发掘、分子标记辅助育种、分子遗传学鉴定等多个遗传育种研究领域。他为人低调、平易近人，对工作充满激情，率领科研团队不断创新，提高我国小麦遗传育种科技水平，成就斐然。

　　20世纪60年代，刘大钧院士开展小麦辐射诱变育种，成功培育高产小麦新品种"宁麦3号"，成为长江中下游麦区主力品种，为小麦增产增收做出重大贡献，该品系于1983年获农牧渔业部"技术改进一等奖"；80年代，紧随国际植物遗传育种新科技，利用细胞遗传学理论和技术，将染色体分带、染色体组型分析、外源标记追踪、非整倍体创制和同工酶等一系列先进技术，综合运用于小麦近缘植物染色体精确鉴定和定位，达到国内领先水平；90年代，率领科研团队将分子标记基因组测序新技术与染色体工程技术相融合，创建了不同技术相互验证、检测小麦外缘染色体与基因的分子细胞遗传学技术新体系。

刘大钧院士指导科研团队攻克了小麦白粉病和赤霉病等世界性难题，从小麦近缘植物中发掘抗病基因资源，筛选优秀的抗白粉病、抗赤霉病新种质，并取得重大突破，这些基因组基础研究具有重要的科研价值，体现了他与科研团队数十年如一日、永攀世界科技高峰的敬业精神。

刘大钧科研团队先后获得国家科学技术发明奖二等奖、三等奖，国家科学技术进步奖二等奖，省部级科技进步奖一等奖、二等奖，何梁何利基金科学与技术进步奖；特别是1995—2005年，连续三期成功申报美国麦克奈特基金会资助，为我国小麦遗传育种研究奠定了更加坚实的基础。

刘大钧院士也是著名的农业教育家。1982—1991年，他担任南京农学院副院长、南京农业大学校长，指导制定了学校中长期发展规划，促进学校向多科性大学战略转型；他注重培养后备师资力量，选拔推荐有潜力的中青年教师出国进修学习。他长期为本科生、研究生讲授专业课程，躬耕不辍，培养了大批作物遗传育种后备技术骨干。

大钧先生的新版传记是多家单位协同创新的成果，其中部分图片和资料首次公开，具有一定的纪念意义和史料价值。今年值先生仙逝5周年，以此序凭吊他的丰功伟绩，希望先生的科研进取精神、创新性农业教育思想，在南京农业大学和小麦遗传育种界永远传承。

并祝陆家云教授（先生的夫人）颐养天年，健康长寿。

是为序。

盖钧镒

2021年3月25日

目　　录

总序

序言

第一章　书香世家出英才 …………………………… 001

　　延陵文蕴有渊源 ……………………… 003

　　家学深厚世代传 ……………………… 004

　　少年求学路坎坷 ……………………… 008

第二章　留校任教新征程 …………………………… 015

　　光荣加入共产党 ……………………… 017

　　举案齐眉比翼飞 ……………………… 019

　　苏联深造读学位 ……………………… 020

第三章　辐射育种结硕果 …………………………… 029

　　归前急学原子能 ……………………… 031

　　主持小麦遗传组 ……………………… 033

　　"宁麦3号"新品种 ……………………… 036

第四章 "文革"岁月不蹉跎 ·················· 041

迁校扬州两地忙 ·················· 043

潜心科研成效显 ·················· 048

第五章 亲缘植物寻突破 ·················· 053

赴法考察受启发 ·················· 055

专注近缘属物种 ·················· 059

簇毛麦远缘杂交 ·················· 062

创制育种新种质 ·················· 066

第六章 甲子之年任校长 ·················· 071

艰难复校新征程 ·················· 073

谋篇布局新南农 ·················· 077

未雨绸缪新专业 ·················· 083

拓展师生新视野 ·················· 086

国际合作绽新篇 ·················· 089

卓尔不群展风范 ·················· 099

第七章 攻坚小麦赤霉病 ·················· 107

勇于挑战大难题 ·················· 109

赴美学习新技术 ·················· 110

科技攻关显担当 ·················· 114

麦氏基金亮身手 ·················· 116

第八章 生物技术领跑人 ·················· 129

分子标记助育种 ·················· 131

研制细胞融合仪 ······ 133

获得首批"863"资助 ······ 135

启动基因克隆研究 ······ 137

第九章　著名农业教育家 ······ 141

创建遗传实验室 ······ 143

开设遗传新课程 ······ 150

毕生心血注杏坛 ······ 152

严师慈父双角色 ······ 159

优秀弟子遍天下 ······ 166

第十章　学识渊博誉世界 ······ 177

实至名归当院士 ······ 179

扶掖后学不遗力 ······ 183

治学为人皆楷模 ······ 186

附录一　刘大钧大事年表 ······ 201

附录二　刘大钧主要论著目录 ······ 223

附录三　刘大钧主持的重要科研项目 ······ 229

参考文献 ······ 235

后记 ······ 239

第一章

书香世家出英才

延陵文蕴有渊源

南京与上海的中间，有座城市叫常州，说起这个城市，历史上亦是非常有名。

公元前547年（周灵王二十五年），是一个多事之秋的年月。当时卫国有一个叫宁喜的人杀了卫殇公迎纳卫献公，卫孙林父以亲戚的名义投奔了晋国，揭开又一轮春秋诸侯国之间的混战。而隔居东南的吴国正遇上吴国国君寿梦驾崩，理应接位的是他的第四子季札，但季札再次避让王位而躲到了茅山脚下的九里。当他被强拉出来继位时，季札又提出要为父亲守陵。大家商量后，同意了这个要求，给他一个封地——延陵。这个封地非常奇怪，是个长长的狭条地形，谭其骧主编的《中国历史地图集》对此说得很清楚。原来，吴国的国都在今常州的淹城，而季札避让王位躲在今句容茅山脚下的丹阳九里。于是，新国君馀祭就划了个长长的狭条封地给了季札。如何称呼呢？因为季札是以为父亲守陵的名义避位，且长期生活在茅山脚下的九里，从吴国国都到九里那么长的地段，就称作"延陵"吧，季札于是有了"延陵君"之称。他死后，孔子给他墓碑题了字："呜呼有吴延陵君子之墓"。

到隋开皇九年（公元589年），隋在常熟县设立常州，后常熟县并入苏州，常州划归晋陵，常州之名也就由此开始。

让常州最值得称道的是，唐宋八大家的旗帜由常州才子唐荆川擎出；王安石在常州上变法万言书，"免役法厘革数千年之苛政，为中国历史上一新纪元"；苏东坡爱常州甚于眉州，两次乞求朝廷准予他在常州居住，并终老此邑。陈济以布衣召为《永乐大典》的都总裁，从乡间直登庙堂，成就"世界有史以来最大的百科全书"——《永乐大典》。钱一本系东林党魁，"家事国事天下事事关心"。龚自珍慨叹"天下名士有部落，东南无与常匹俦"；赵翼登高一唱"江山代有才人出，各领风骚数百年"。近现代更是名人辈出，书画家恽南田、刘海粟，戏剧家吴祖光、吴青霞，乱针绣杨守玉，语言学家赵元任、周有光，还有实业家盛宣怀、刘国钧、查济民，大律师史良，更有杰出的革命家恽代英、瞿秋白、张太雷等。在这些人中，最著名的要数瞿秋白，他是中国共产党早期主要领导人之一，也是新语文、新文字运动的倡导者；他在语音、词汇、语法、文字、语言的发展以及方言和普通话、口语和书面语等方面都有自己独特的主张，是我国文字改革的先驱和积极实践者。

这些先人的业绩和伟大实践深深影响着传主刘大钧，"位卑未敢忘忧国"的思想使他从小立志，要以科技实业来报效自己的祖国。

家学深厚世代传

刘大钧出生于常州市武进县庙西巷20号。祖父刘子房自幼博览群书，年轻时曾经中举，但他没有选择仕途之路。据说是目睹当时社会腐败之风盛行，清末官场仕途之路的权钱交易相当普遍，有骨气的中国人对此深恶痛绝，他便自愿做了教书先生。当时的刘家尚有祖传2～3亩[①]耕地对外租佃，虽非殷实之家，但温饱尚可。祖

---

① 亩为非法定计量单位，1亩等于1/15公顷。——编者注

父刘子房持重深厚的家学渊源，授学传播知识，期待时代变化，后辈有造化。

清末民初，西方列强加大了对华殖民侵略力度，造成中华民族与帝国主义之间的矛盾、封建主义与人民大众之间的矛盾日益尖锐。中国社会经济日益凋敝，加之统治者的横征暴敛和连年自然灾害，1851年爆发了洪秀全领导的太平天国农民起义。1860年，太平军攻陷常州，战争使这座城市遭到毁灭性破坏，北运河淤塞迫使漕运改道，常州开始失去转运中心和商业中心地位，经济逐渐走向衰落。虽然社会动荡不安，但祖父刘子房仍然坚信自己的两个儿子能够承袭家风，荣宗耀祖。

长子刘介堂，即刘大钧父亲（1881—1962年），又名刘同、刘伯和，少年时期深受刘氏家风影响，勤奋苦读，学有所成，20岁毕业于河北保定高等学堂，后至天津北洋大学堂采矿专业深造。次子刘叔诚，又名刘诚，少年时期留学日本，毕业于日本秋田矿冶专科学校，曾在东北本溪铁矿和汉冶萍铁矿担任过冶金工程师。

刘大钧父亲刘介堂（1881—1962年）

刘介堂和刘叔诚凭借天资聪颖，勤奋刻苦，兄弟俩在探矿、采矿专业技术方面出类拔萃、卓尔不群。1912年，刘介堂从北洋大学堂毕业，就职于福利民铁矿，担任探矿工程师，在长江下游的江西、安徽、江苏等省份探测矿产资源。

福利民铁矿的开办者是大资本家徐静仁，1913年创办，主要依靠军阀政府的势力，因此竞争对手极少，是中国近代历史上非常有影响的企业，拥有安徽当涂的小姑山、梅子山、小凹山、戴山、栳栳山、扇面山、南山等矿权，矿区面积达到120万余平方米。刘介堂为这些矿区的前期探测做了大量工作，徐静仁聘请他担任福利民铁矿的技术工程师，负责打钻、施工、开采矿产等。凭借扎实的专业技术功底和出色的管理能力，刘介堂先后担任工程师、总工程师、矿山经理、矿长等职。由于工作表现出色，刘介堂获得高额薪金和很多额外报酬。

后来，刘介堂与徐静仁因琐事不和，辞职闲居在家，并获得一笔不菲的"离职金"（1万元左右），这笔钱及其银行存款利息在相当长一段时间内成为家庭经济支出主要来源。1945年，刘介堂也曾在江苏省龙潭、下蜀、包山等煤矿公司兼职做顾问，帮助矿主设计筹划采矿事宜。1947年以后，由于年龄和身体原因，他不再外出工作，夫妻二人移居广州生活。

1919年，刘介堂与吴英（1887—1985年）在父母安排下结为夫妻。吴英青少年时期接受过私塾教育，聪明好学，能读书看报，对社会发展和时局变化有个人独到的见解。刘介堂夫妇育有五女二子，按年龄顺序依次为：刘玉（女）、刘寿（女）、刘大鋆、刘大钧、刘淑华（女）、刘绮纹（女）、刘佩玲（女），刘大钧在家排行第四，为次子。

父亲刘介堂教子有方，子女都能传承勤学苦读的文化传统。除小妹刘佩玲身体不好，没有进入大学深造外，其余6人均毕业于高等院校。父亲对待子女的教育方式是温柔中透着严厉，他非常重视

刘大钧（左一）青年时期全家福

子女学习技术，告诫下一辈要远离"政治"，倡导实业救国思想。母亲吴英则温柔贤惠，相夫教子，全职打理家庭事务，督促孩子们必须用功读书，以父亲为榜样，凭技术"吃饭"，并教育子女们孝顺父母，时刻不忘养育之恩。

在实业救国思想和勤学苦读家风潜移默化影响下，刘大钧选择小麦育种作为毕生服务于人类的崇高事业。由于全身心投入工作，他牺牲了几乎所有的个人休息时间，夫人陆家云教授则默默支持着丈夫的工作，承担起全部的家务，从未责怪他对家庭的忽视，尤其在养育子女方面。刘大钧的长子刘光宇和长女刘光仪，与父亲相聚时间极少，甚至远没有他与学生相处的时间长。儿子出生仅几个月，刘大钧就前往苏联进修留学，学成归国时儿子已经5岁多了，根本不认识站在面前的人就是自己的父亲。

目前，长子刘光宇已年过花甲，仍然担任美国底特律一家汽车公司的高级工程师，他坦言："我对父亲的记忆确实太少了，他每天忙于单位的工作，很少与家人在一起，自己童年时代非常羡慕别人家的小孩，尤其看到别人一家三口出去游玩的情景。"岁月会改变一切，刘光宇现在已经完全理解自己的父亲，他深知父亲在短短几十年中取得了骄人的业绩，这些科研成果可以造福数以亿计的中国民众，他为此深感自豪。

少年求学路坎坷

刘大钧自幼跟随祖父识字读书，年满5岁时，被送到武进县织机坊小学（旧名女西校），与姐姐和哥哥一起结伴上学，几年后姐姐和哥哥相继毕业离校，四年级时，刘大钧提出转校申请，他认为这所小学是私立女子学校，没有童子军，不太适合他学习。1935年9月，他转入县立武阳小学继续学习。

1937年7月，卢沟桥事变爆发，日军悍然发动全面侵华战争，并从南北两条战线展开军事进攻。9月，沪宁地区遭到日军飞机轰炸，激烈的战争一触即发，刘大钧就读的武阳小学被迫关闭，他只好辍学在家。10月，刘介堂与吴英面对日益严峻的社会形势，经过慎重商议，最后作出决定，由母亲吴英带领刘大钧兄弟姐妹数人西迁避难，而父亲刘介堂由于家中尚有未处理好的蚕丝生意，暂时留守家中。

战争阴霾笼罩全国，各地的公路和铁路挤满了逃难的人群，母亲带领刘大钧兄弟姐妹7人，先后辗转镇江、汉口、广州、香港、九龙等地。1938年春，一家人历尽艰辛，最后来到上海，租居在上海法租界。随后与父亲取得了联系，幸运的是父亲安然无恙，也就很快来到上海与家人团聚。家中生意因战争血本无归，祖宅也被日军洗劫一空，全家的生活陷入困境。

在上海租界避难的岁月中，尽管家庭经济十分困难，父母咬紧牙关，坚持让刘大钧兄弟姐妹继续读书。在哥哥和姐姐的帮助下，刘大钧补习了英文和数学，凭着自己的聪明勤奋，很快把以前学过的知识复习巩固到位。1938年9月，刘大钧考入上海私立齐鲁小学①，就读六年级，一年后如期毕业。

1939年9月，刘大钧升入上海晓光中学（上海市向明初级中学前身），开始了中学时光。这所学校是民国政府教育部特准立案的，即政府在上海租界的"国立"学校，学校的老师经常宣传抗日事迹，甚至组织慰问"四行孤军"②活动，这些都为少年刘大钧埋下了抗日的思想种子。中学时代刘大钧对数学、英文、体育保持着浓厚的兴趣，学习成绩特别优异。1941年12月8日太平洋战争爆发，日军开始大规模入侵上海租界，学校被迫解散，即将初中毕业的刘大钧再次辍学。

1942年1月，刘大钧跟随父母来到南京，举家迁居是为了保护家人的生命安全，另外一个原因是哥哥和两个妹妹都在南京、镇江读书或工作，家庭成员可以相互照应。此时刘大钧就读于南京模范中学，这所学校是汪精卫伪国民政府"国立"学校，半年之后顺利初中毕业，随即考入汪伪中央大学附属实验中学，开始了高中阶段学习，由于天资聪明、勤奋好学，各科成绩始终比较优秀。

人生充满了不确定性，令刘大钧遗憾的是，自己的高中阶段学业竟然没有完成，主要受"闹饭厅"事件影响，这件事情改变了他

---

① 上海私立齐鲁小学是山东会馆的一部分，当时在上海很有知名度，建立时间可以追溯到清代顺治年间。20世纪20年代，会馆一楼由霍元甲的精武馆租用，二楼在1926年开办齐鲁小学。山东会馆在历史上产生过重要影响，"五四运动"时期，会馆表现出坚决的、不妥协的斗争精神，成为运动的中流砥柱；抗日战争时期，这里成为营救抗日将士的中转处；解放战争时期，很多中共地下党员奉命到齐鲁小学任教，以此为掩护从事革命活动。

② 四行孤军：1937年，中日军队在上海展开"淞沪会战"，为掩护主力部队撤退，副团长谢晋元率领450余人，死守四行仓库，实施掩护任务，号称"八百壮士"。他们的抗日英雄壮举引起了国内、国际社会的广泛关注和尊敬，完成任务后奉命退入租界，被羁留在孤军营，在十分艰苦的条件下，他们严格训练，准备随时报效祖国，孤军营成为上海抗战的精神堡垒。

的人生轨迹。回忆当年的往事，刘大钧无限感慨！"高中一年级第二学期，有一天学校食堂的厨师将米饭煮夹生了，很多同学难以下咽，于是就吵闹起来，学校训导员很不高兴，就让同学们把米饭送给附近居民，但被匆忙赶来的校长看见，校长责问为什么这样做，刘大钧主动站出来告诉校长是训导员指使的，结果校长无言以对，当时校长也未做任何处罚；但在期末的成绩单上却通知刘大钧，下学期不必再来学校，即所谓的'暗开除'。刘大钧与校长'辩理'无果，校长劝他报考大学，并为他出具了一份高中肄业证明，使其有资格以同等学历报考大学，刘大钧被迫同意，并提前结束了高中阶段学习。"

1940年3月，汪精卫在侵华日军的扶植下，成立傀儡的汪伪国民政府，伪国民政府教育部长赵正平建议恢复中央大学以培养人才，并选址南京市建邺路中央政治学校旧址办学。此时，国民政府的国立中央大学已西迁重庆。1943年4月，汪伪中央大学"复校筹备委员会"分别在南京、北平、上海、苏州、杭州、武汉、广州等7个城市招生，首届录取674名学生，所有录取新生一律免收学杂费和住宿费。

高中肄业后，刘大钧出于强烈的自尊心，决定报考汪伪国民政府中央大学。但选择哪个专业使他颇为头疼，考虑到高中阶段仅学习一年，理化基础薄弱，为了能尽快考入大学，摆脱自己的尴尬局面，无奈选择了艺术专业。刘大钧作出这个选择基于两点考虑，一是自己对绘画、音乐始终保持着浓厚的兴趣，不仅小提琴拉得很好，而且具有一定基础的艺术修养；二是报考艺术专业的人数相对较少，被录取的可能性比较大。他利用暑假时间，抓紧补习数理化等学科，经过全力以赴的努力，如愿以偿考入这所大学，缓解了心中愤恨不平的情绪。

刘大钧在美术专业就读一年后，听从了父母的建议，决定转读农艺专业。他和父母都认为，在动乱的年代，依靠技术吃饭更可靠些，因为抗战时期民不聊生，民众根本没有闲情逸致欣赏艺术，培养谋生的一技之长更现实一些，转读农科可能是最佳选择。1944年9月，刘大钧的转专业申请正式获得批准，转入本校农艺系，重新开始攻读农学专业。

1945年8月，日本宣布无条件投降，抗日战争结束。随着汪伪政府垮台，其在南京创办的汪伪中央大学也随之关闭。国民政府教育部下令解散该大学，并颁布《沦陷区专科以上学校学生、毕业生甄审办法》。汪伪中央大学被解散后，学生们都抱着极大希望等待国民政府收编。此时刘大钧开始努力自修英文，并报名参加莫神父（美国神父，英文名Murphy）举办的英文补习班，集中学习英文一段时间，使自己的英语听说能力得到较大提高。为了坚持学习英文，他自己还订购了多种英文原版杂志，诸如《读者文摘》《皇冠》等，时刻训练自己的英文阅读和翻译能力。正是大学时期积累的深厚外语功底，为刘大钧多年后带领科研团队攻克世界小麦育种难题，建立广泛的国际合作关系，赶超世界小麦育种先进水平奠定了坚实基础。

1946年6月，刘大钧完成农艺系二年级课程，并获得一张学业证明书，此时他与同学们都在焦急地等候国民政府教育部的重新分配。3个月后，原汪伪中央大学的分配名单终于公布，刘大钧和过益先[①]、郑德庆、戴文进、王竹（王文甲）等5名同学被分配到浙江金华英士大学农艺系就读三年级。他和其他几位同学对这个分配结果很失望，主要原因是他们认为英士大学的办学条件比较差，学校又在浙江金华，大家都不愿意去；而分配到中央大学或浙江大学等

---

① 过益先，中国著名水稻栽培专家。1924年4月10日出生于江苏省无锡市，1949年7月在台湾大学农学院农艺系毕业。1950年任华东农林部农业处技佐，1955年任中国农业科学院助理研究员。其后研究水稻高产栽培理论与技术，1978年获全国科学大会成果奖。1988—1998年当选为全国政协第七届、第八届委员及其所属科技工作委员会委员，1986—1998年当选中国作物学会副理事长兼栽培专业委员会主任委员。

相对较好学校的同学基本都是三青团员①，尽管心里不服气，刘大钧又无可奈何，只能前往学校报到。

提到英士大学，很有必要多说几句。抗日战争爆发后，为安置战地失学青年，浙江省政府筹备省立战时大学。这所学校是为了纪念中国近代民主革命家陈英士，1939年5月正式命名为省立英士大学，1942年学校迁址云和和泰顺。1943年4月，国民政府决定把英士大学升格为国立大学。1946年3月，英士大学迁址浙江金华。

1946年10月，刘大钧与其他几位同学进入英士大学就读三年级，但学校的师资水平、教学仪器、实验设备等根本无法与国立中央大学相提并论，在这种情况下刘大钧和同来的其他同学很长一段时间不能静心读书。在王竹的影响下，刘大钧经常利用基督教礼拜的机会，与美国牧师长时间对话，使得英文口语水平又有了很大提高。在英士大学就读期间（实际到校还不足2个月），同来的3位同学与学校老生发生矛盾冲突，学校迫于多方的压力，劝同来的几位同学转读他校，并介绍前往台湾大学，试图把他们排挤出英士大学。虽然刘大钧没有参与此次冲突，但出于义愤和对学校读书环境的不满，与另外几名同学一起主动放弃了在该校的就读，返回南京备考金陵大学。

刘大钧的大学同学、著名水稻栽培学家过益先在后来的一份证明材料中回忆："我们五人住在学校同一间宿舍内，从10月份入学至12月初离校近50天时间，课余时间我们时时刻刻在一起，刘大钧没有和其他任何人有过密切接触，没有参加任何反动党团活动，我们亦未参加任何反动活动，只因学校对'伪'学生（来源于汪伪政府创办的中央大学的学生）还是歧视，要进行甄别考

---

① 三青团即三民主义青年团。在蒋介石直接策划下，1938年7月9日，三民主义青年团在武汉成立，蒋介石任团长，陈诚任书记长。中央团部下设支团部、区团部、分团部、区队、分队等组织，并借社会服务之名，建有青年服务队等外围组织。1947年9月，国民党决定将三青团并入国民党，团员一律登记为国民党党员。

察，我们为了保护自己的学籍，向校方提出抗议，最终算是免去了。但英士大学中所谓'正''伪'学生却在各方面发生摩擦，书亦没有好好读。由于我们在'伪'学生中常是带头，就引起部队复员回来同学的仇视，一天中午在食堂午膳时双方发生激烈的冲突，随即发展到全校规模，原在另外两地的理工、政法学院学生亦前来农学院助威，他们胁迫学校开除我们几个，指名四年级的我（过益先）、郑（德庆）和戴（文进），当时由校方同意，我们三人被勒令退学，排挤出英士大学。当时刘大钧可以不必走的，但是看到我们是一起过去的，被无缘无故退学，亦就愤然离校，且当时英士大学实在不是个好的读书环境，再加上排挤与歧视，亦不能安心读书。对学校的不满、对学校制度的不满、对同学被无理开除的愤慨，是他离校的原因。我认为刘大钧是一名富有热情、为人正直的青年。"[1]

1947年2月，刘大钧如愿以偿地考入南京金陵大学农艺系，重新修读二三年级课程。他之所以选择这所大学，是由于该校农林科的名气非常大，有西方教育背景，国人对其评价也非常高。此外，刘大钧对金陵大学的西方化教育体系颇感兴趣。

金陵大学农林科创建于1914年夏，是中国第一所设置四年制农林本科的高校。设立农林科的目的是通过实施科学的农业和林业来防止饥荒再次发生。主要发起者及首任科长裴义理教授（Joseph Bailie）出生于爱尔兰，先后在爱尔兰和美国接受教育。他到达中国后，多次参加赈灾工作，并最终认识到要解决中国民众的饥荒问题必须从根源入手，为中国训练农林技术专业人才。1920年，淮河流域再次发生大饥荒，美国对华实施了赈灾救济工作，并剩余了相当数量的救灾基金。时任农林科科长芮思娄建议将赈灾余款用于农林教育领域，拨付给金陵大学农林科75万美元，随后燕京大学农科

① 南京农业大学人事处档案馆（档案编号：五类13号），1953年9月10日，过益先对刘大钧在英士大学政治活动情况的证明材料。

013

也将所获25万美元转给金陵大学，这笔资金使得康奈尔大学与金陵大学合作的作物改良项目顺利进行。1925年，金陵大学农林科获得中华民国中央政府认可并得以备案。在中美作物改良项目实施期间，为数众多的美国教授或博士前往中国参与项目研究，为中国培养了120多名专业技术骨干，其中很多人成为新中国农林研究领域的开创者。

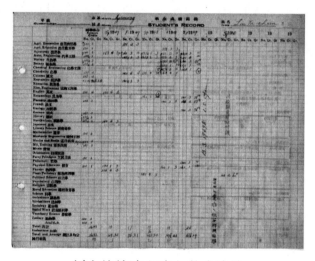

刘大钧就读金陵大学成绩单

考入南京金陵大学后，刘大钧的文体细胞得以充分激发，年轻的他成为学校的文体活动骨干，吹拉弹唱样样精通，擅长各种体育运动，尤其是游泳水平极高，深受老师和同学们的喜爱。在金陵大学就读期间，靳自重、王绶和章锡昌三位教授对刘大钧的专业发展产生极为重要的影响，并使他终身受益，在这些授业恩师的精心指导和严格要求下，刘大钧开始潜心修读农学理论，刻苦钻研专业技能，从教后的大部分专业基础就是这个时期奠定的。

第|二|章

留校任教新征程

光荣加入共产党

1949年7月，刘大钧如期毕业于金陵大学农艺系，由于专业成绩优秀，农艺系主任靳自重教授决定让他留校任教。以此为开端，刘大钧开始了长达半个世纪的教学科研生涯。靳自重教授首先安排自己看好的这个年轻人担任普通农艺、新遗传学等专业课程的实习指导教师，进行初步的锻炼，并承担起相关教辅工作。

刘大钧在自己的工作日记中记载了初为人师的心路历程：

在教学工作初期，我对普通农艺的实习和新遗传学的讨论还是认真地做了一些工作的。农艺实习方面，在靳先生的指导下，我把实习教材重新编写了一份，其中添加了一部分新材料，并且每次实习前都能做到事先充分准备。新遗传学的讨论也在马（育华）先生的指导下仔细研究提纲，每次讨论后我都做一次总结，总结的准备时间也花得比较多……

1952年，全国高等院校调整，这次院系调整的主要意图之一是发展国家经济建设急需且应用性比较强的专业，同时改造当时的教会学校，如圣约翰大学、金陵大学等。当时的国立中央大学拥有文、理、工、医、法、农、师范7个学院35个系，是中国实力最强的高校，综合实力亚洲第一。1949年中华人民共和国成立后，国立中央大学更名为国立南京大学，院系调整后金陵大学农学院与南京大学农学院合并成立南京农学院。

刘大钧在新成立的南京农学院农学系承担了遗传学课程教学任务，同时兼任农学系秘书、农学系教工团支部宣传委员。第二年，他又主动承担起教务员工作，兼任团总支宣传委员、团支部书记等职务；1953年，在丹桂飘香的金秋季节，年轻的刘大钧顺利晋升为讲师，开始了人生的新起点。此时此刻，刘大钧经常想起王绶教授的提醒："要经常发表一些专业论文。"发表论文，需要不断汲取新的知识与能量，为此他想方设法挤出时间，去旁听各种专业课程，收集国内外有关作物育种的专业资料，不断提升自己的教学科研水平。

　　由于工作上积极要求进步，思想上积极向党组织靠拢，各项工作勤奋努力，1955年4月12日，在罗春梅、王泰伦介绍下，经过党组织慎重考察，经中共江苏省委批准，刘大钧光荣加入中国共产党，成为一名预备党员。

中共江苏省委关于刘大钧入党的批准函

举案齐眉比翼飞

新中国成立初期，百废待兴，高校的工作条件和生活环境十分艰苦，青年教师基本都住集体宿舍，大家每天一起上下班，周末结伴看电影或集体出游，虽然工作与生活条件艰苦，但大家都充满着建设新中国的热情，铆足劲儿干活。对生活更是充满了激情与憧憬。在集体生活的土壤中，刘大钧收获了一份属于自己的爱情。他逐渐被一个秀外慧中的女孩所吸引，她的名字叫陆家云。说起两人的相识、相知、相爱，陆家云教授依然如昨日那么清晰：自己参加工作不久生了一场大病，请假在单身宿舍调养身体，但她没有忘记学院要求青年教师每天都要做广播体操的事；有一天她在宿舍外观看其他老师做操时，隐隐约约感觉有人在注视自己，虽然与这些年轻人并不是很熟悉，但她知道一定是院里的男教师，也没有在意。直到有一天，帅气的小伙儿单独找上门来，主动提出与她谈恋爱。面对突然来临的"爱情袭击"，她顿时有点惊慌失措，姑娘应有的矜持稳定住了自己的情绪，慢慢悄眼打量对方，见对方举止大方、气质非凡，心里咯噔一跳：这不正是心目中的白马王子吗？她用无言的默认，接受了这份追求。这位腹有诗书气自华的帅小伙就是刘大钧。

说起陆家云的家庭背景，也是不简单的。1928年8月25日，陆家云出生于一个高级知识分子家庭。父亲陆叔言毕业于上海交通大学电机系，曾在山东中实煤矿公司、天津中国无线电公司和沈阳分公司、四川省重庆华西实业公司任职；抗日战争结束后，自己出资经营大亚进出口公司，后任群益五金公司经理；1950年，陆叔言在第一机械工业部基本建设局机电安装公司任工程师，20世纪60年代在长春第一汽车制造厂工作至退休，富裕的家庭条件为陆家云接受良好的教育提供了充足的保障。1953年3月，陆家云从南京农学院毕业并留校任教，在植物保护系从事植物病理学教学科研工作。由于天资聪颖、勤奋刻苦，她讲授的植物病理学课程多次被评为校级精品示范课程，为植保学院和学科的长期发展奠定了坚实的基础。

由于专业相近、志同道合，经过无数次交往与倾心长谈，两颗年轻的心慢慢挨近、相融，迸发出爱情的火花，燃烧起两人共同生活的渴望。1954年2月1日，刘大钧和陆家云步入婚姻殿堂，执子之手与子偕老，相伴一生的爱情由此拉开序幕。

刘大钧和陆家云夫妻合影（20世纪50年代）

苏联深造读学位

新中国成立后，受国际形势和意识形态影响，外交领域一度实行"一边倒"的政策。1950年，根据国家与经济科技建设的需要，刘大钧申请加入中苏友好协会。这一群众性组织成立于1949年10月5日，设立了完备的组织机构，吸纳了大量会员，并开展形式多样的宣传活动。在当时的形势下，这样做对于促进中苏友好关系、借鉴苏联社会主义模式、推进我国社会主义事业的发展，发挥了有效的积极作用。

1955年9月，国家为了加快学习苏联先进科技的步伐，决定从国内高校遴选一批青年教师和优秀学生出国进修学习。鉴于刘大钧在各方面表现出色，学校选派他到苏联莫斯科季米里亚捷夫农学院进修学习。

季米里亚捷夫农学院在苏联时期十分著名，该校始建于1865年12月3日，原名彼特罗夫农学院，1923年更名为季米里亚捷夫农学院，对苏联的农业教育、农业科技发展都做出过重大贡献。该农学院办学宗旨是普及农林知识，培养农业方面的专业技术人才。这所农学院从1936年开始进行组织机构建设并日益完善，教学科研实力逐渐体现出来，成为苏联时期农业领域的综合性高等院校，也是培养农业科技人才的著名摇篮。

季米里亚捷夫农学院的学习环境较好，很多优秀的遗传育种专家亲自授课，实验设备相对先进，学术氛围特别浓厚。刘大钧在这里勤奋学习，他说："我如鱼得水般沉浸在知识海洋中，与我先前的期望完全吻合。"他利用一切时间去旁听专业课，不仅感受到苏联专业教师对教学内容的精通，学术功底的深厚，更感受到这些教师个人学术思想也独树一帜。例如：李森科院士[1]在教学过程中表现出鲜明的思想性，将科学与实践、科学与世界观之间的关系阐述

① 李森科（1898—1976年），出生于乌克兰农民家庭，1925年毕业于基辅农学院，在地方育种站工作，因研究发现"春化处理"育种法而声名鹊起，即在种植前使种子湿润和冷冻以加速其生长。此人秉持生物进化中的获得性遗传观念，否认基因的存在性，坚持米丘林遗传学，并借助政治手段把学术批评者打倒，长期担任全苏列宁农业科学院院长职务。1964年10月，李森科被解除苏联科学院遗传研究所所长职务，至此失去在苏联生物学界的垄断地位。

得极为深刻；高林教授的选种学课程，教学要点讲解到位，尤其是选种过程和实际操作内容讲授得细致入微。

在苏联进修期间，两件事情给刘大钧留下了深刻印象，一是苏联教师高度重视教学方法改进，善于运用直观教材，每堂课必备，极大提高了学生对知识的消化程度；二是教学与科研紧密结合，教学中经常引用最新的科研实例。这为刘大钧学成回国后，充分利用和推广这些先进教学经验，开展教学改革，快速提升专业教学质量打下了厚实的基础。

刘大钧在季米里亚捷夫农学院系统学习了米丘林遗传学课程。米丘林遗传学是由苏联园艺学家、植物育种学家伊万·弗拉基米洛维奇·米丘林（1855—1935年）创立。米丘林从20岁开始从事植物育种工作，在长达60年的实践基础上，提出动摇遗传性、定向培育、远缘杂交、无性杂交等改变植物遗传性的原则和方法，培育出300多个果树新品种。米丘林遗传学的基本思想是：生物体与其生活条件是统一的，如果生活条件能满足其遗传性要求时，遗传性保持不变；如果被迫同化非其遗传性所要求的生活条件时，则会导致遗传性发生变异，主张生活条件改变所引起的变异具有遗传性。米丘林遗传学中的无性杂交、春化法、气候驯化法、阶段发育理论等，对于提高农业生产和获得植物新品种具有一定的实际参考价值。但是，米丘林关于生活条件的改变所引起的变异具有定向性，获得性状能够遗传的理论，缺乏足够的科学事实根据。当孟德尔、摩尔根的遗传学在苏联受到攻击时，米丘林因为培育出300多种新型果树，而受到苏联政府的赞扬。他的杂交理论经李森科发挥后被苏联政府采纳为官方的遗传科学，尽管当时全世界的科学家均拒绝接受这个理论，但仍被强制推行，同时压制和排斥不同的学术观点。20世纪50年代这一理论在苏联、东欧和中国盛行一时，对生物学研究造成了不良影响。

刘大钧留学归国后亦开设了这门课程，他系统比较分析了米丘林遗传学与摩尔根遗传学的根本区别，采取兼收并蓄的学术态度，既不盲目尊崇，也不刻意贬低。他之所以不盲从米丘林遗传学，主要是因为自己毕业于美式教育的金陵大学，对摩尔根遗传学也非常熟悉，凭借良好的英语基础，广泛阅读了欧美国家生物科学前沿学术资料，博采世界各国遗传理论之精华，这为他后来利用染色体工程和基因工程方法开展小麦遗传育种研究奠定了坚实的基础。

刘大钧还利用自己多才多艺的特长搞好师生团结。开朗的性格和宽广的心胸，给苏联导师和欧美国家同学们留下了深刻的印象，其中有两件事情使他难以忘怀，并在留苏日记中写下很长一段感言。

第一件事情发生在参加留学生学生会工作期间。

由于在文体方面具有一定特长，组织上委托刘大钧先后担任留学生学生会文娱干事、宣传干事、俄文干事以及学生会主席等职。他经常组织同学们观看歌剧与中国电影、参观苏联工厂、欢送毕业生，以及参加联欢节、国庆节演出等活动。有一次中国大使馆组织留苏同学参加联欢节活动，并答应给每位同学发一张门票，但由于情况发生变化，大使馆并没有提供足够的门票，一些同学无法参加联欢节活动，大家把怨气都发泄在刘大钧的身上，责怪他和学生会干部分票不公平，这件事情让刘大钧感到十分委屈，其他的学生会干部工作情绪也受到影响；为顾全大局、维护学校与大使馆的权威，刘大钧努力说服其他学生会干部，为没能参加活动的同学做了耐心仔细的解释工作，取得他们的谅解，这件事情的妥善解决得到中国大使馆的高度认可。

第二件事情是刘大钧在苏联留学期间被其他同学误解。

刘大钧非常注重与苏联及东欧国家留学生搞好团结关系，并注重与各阶层同志进行广泛接触，其中包括教授、讲师、助教、实验员、技工、普通工人等，他的群众关系处理得非常好，经常向外国友人介绍中国的社会主义建设情况。但也有意外发生，刘大钧的一名苏联室友被查出患有癌症，令人意想不到的是，这位同学公开指责他的患病是由于刘大钧的同位素实验所导致。这位同学非常强烈的不满情绪与做法，引起校方的高度重视。经过检查委员会调查证实，这位同学的指责毫无科学根据，是一场令人不愉快的误会。在事情发生的整个过程中，刘大钧始终保持高度克制的谦让态度，认为那位同学身患重病，自己应该原谅病人的多疑，更没计较争论，反而多次去看望这位同学，他的宽广胸襟使所有同学和老师敬佩不已、赞叹有加。

1955—1956年，在苏联进修学习期间，刘大钧主要研究"普通冬小麦和硬粒春小麦间的种间杂交"，他非常珍惜这次难得的学习机会，抓紧所有时间钻研小麦育种专业理论，努力掌握每项试验技能。为了获得更好学习机会，学习更多先进科学知识，刘大钧在进修一年后的1956年年底，通过申请和组织审核批准，由进修生转为正式研究生，师从苏联著名遗传育种学家戈允（译音），专门研究"春小麦繁育生理"。

在苏联留学期间，刘大钧养成了良好的学习和工作习惯，那就是定期总结学习状态和工作进展，随时反思存在的不足并加以改进。1957年，他在个人年终鉴定中写道：

总的情况是按学习计划进行，原定本年度完成的学习任务基本上完成，兹作几点检查：

1.研究工作，今年研究工作大体上按预定计划完成。对论文类文献初步阅读了一批，对所研究之问题有了基本概念，对苏联及国外进行的相关工作有了初步了解；对研究工作所必须掌握的研究方法，如组织化学、生物化学、放射性同位素的运用等，进行了学习和实习，由于在植物生理研究所实习一段时间，对上述方法有了初步掌握。

2.实验工作，今年除进行杂交实验外，还测定了花粉与柱头中酶的活动性，测定了不同品种花粉授粉后母体雌蕊中放射性^{32}P流入量，测定观察了试验品种之开花过程中个别习性，固定了不同品种花粉在母体柱头上发芽之材料……

研究工作中所存在的问题：

（1）文献查阅相对较少，还不够深入，尤其是有关研究方法的理论部分，如生物化学和放射性元素等方面文献。

（2）杂交工作的组织较乱，结实率不理想。

（3）工作计划性还不够。

（4）研究方法尚不够精密，数据之可靠性还有待证实。

以上所述缺点均需在下一年的工作中加以克服。

刘大钧苏联留学期间工作日记（1958年）

3. 研究生必修考试：遗传学按期完成，俄文亦如期获得成绩，哲学延期考试，推迟5个月完成，选种及良种繁育学提前完成，成绩都是优等……参观研究所试验场及访问有关学者，出差为期50天，参观了8个研究所或试验场，访问了12位学者，对苏联南方地区遗传选种工作有了概括性了解，访问学者给自己做了遗传选种学及论文题目方面的答疑，得到了许多有价值的建议。

通过2年多的勤奋钻研和刻苦学习，刘大钧在理论基础和专业实践能力方面都有了大幅度提高。他特别珍惜这次宝贵的国外学习机会，在不断总结学习效果的同时，时刻高标准严格要求自己，并在留学日记中写道：

2年以来，学习质量尚有许多不够之处，特别是所述各项缺点，还待更好抓紧时间，以刻苦精神，利用一切有利条件加以克服。要重视实际知识，加强工作计划性与精确性，进一步来提高学习质量。[1]

正是有了这种只争朝夕的时间紧迫感，刘大钧才能够利用一切机会开展小麦育种实验，撰写科研论文，发表了一系列学术成果，其中包括：《花粉粒相互作用的显微镜观察》（俄文，苏联《农业生物学》杂志1957年第2期）、《春小麦不同品种生殖器官的酶活性》（俄文，苏联《季米里亚捷夫农学院报告》1958年第39期）、《春小麦不同品种授粉时雌蕊中放射性磷的积累》（俄文，苏联《季米里亚捷夫农学院报告》1959年第46期）、《春小麦用不同品种花粉授粉时雌蕊中放射性磷的积累》（俄文，苏联《农业科学通报》1959年第12期）等。

通过4年半的学习深造，1959年12月，刘大钧以优异成绩获得苏联莫斯科季米里亚捷夫农学院生物科学副博士学位，副博士学

---

① 资料来源于刘大钧人事档案（档案编号：三类5号）中1957年12月刘大钧在苏联莫斯科季米里亚捷夫农学院所写的"年终鉴定"，存于南京农业大学人事处档案中心。

位论文题目为《春小麦受精选择性生理机制研究》，副博士是苏联、东欧等国家授予的学位，设置标准比较高，攻读者必须完成4年本科和2年硕士研究生的专业教育，通过专业、外语、哲学等课程的资格考试，提交论文并通过答辩后才能获得，这种副博士学位在我国被认定为博士学位。

刘大钧（右二）在季米里亚捷夫农学院与导师讨论学术问题（1958年）

由于学习任务重，刘大钧在苏联学习期间，仅回国探亲过一次，这对于一个有家庭和儿女的人来说过于苛刻，他无时无刻不牵挂着妻儿与年迈的父母。但是，为了祖国未来的植物育种事业，刘大钧把对家庭的愧疚之情深埋在心底，将全部时间与精力投入到专业学习和科研工作中，以优异的成绩回报国家的培养。

第|三|章

辐射育种结硕果

归前急学原子能

20世纪60年代，美国和苏联两个超级大国为了争夺世界霸权，先后对中国实施核恐吓战略，甚至企图单独或联手对中国进行核打击。以毛泽东为领导核心的中国共产党和中央政府通过多种渠道的努力，彻底粉碎了美苏超级大国的核威胁妄想。

1960年元旦刚过，刘大钧研究生学习完成后即将启程回国，突然接到中国高等教育部和大使馆紧急通知，指示他继续留在季米里亚捷夫农学院国际原子能农业利用培训班集中学习2个月，以全面掌握农业核利用相关技术，这是一次中国试图打破美苏超级大国核垄断的重要政治安排。

1960年5月，刘大钧从苏联学成归国，继续在南京农学院从事教学科研工作。当时正值国内思想战线处于非正常状态，老师们的教学和科研工作受到严重影响。刘大钧十分珍惜自己在苏联留学期间学到的宝贵知识，越发坚定自己用知识改变国家科技现状的信念。他白天参加政治运动和劳动锻炼，一有时间就抓紧专业理论学习，开展小规模作物育种实验研究。尽管当时学校的科研环境和实验条件有限，他还是努力克服了很多困难，为将能够做的实验达到预期目标。例如：自己动手制作实验设备，在校内开垦一小块荒地用于作物育种试验等。

1963年，刘大钧的科研工作受到政治运动的严重干扰。但他还是发表了学术论文《小麦与黑麦杂交时之结实率与性状遗传》[1]并

---

① 刘大钧：《小麦与黑麦杂交时之结实率与性状遗传》，中国科学院遗传研究所编，《遗传学集刊》第二集，北京：中国科学技术出版社，1963年。

得到同行专家肯定。面对社会现实，许多人都在担忧自己的专业研究无法坚持下去。而对美好前程充满信心的刘大钧，义无反顾地钻研如何改变国内常规育种速度缓慢的问题。他回顾自己在苏联留学期间学过的小麦育种技术，其中辐射诱变育种技术反复徘徊在脑海中，激发起他强烈的实验渴望。他清楚：辐射诱变育种，即在人工控制条件下，利用中子、质子或者其他射线对作物种子进行照射，诱发其产生遗传变异，在短时间内能够获取有进一步利用价值的突变体，或直接用于农业生产，或在此基础上进一步培育新品种。早在1925年，苏联学者发现电离辐射能诱发真菌突变；1927年和1928年，美国学者Muller和Stadler先后发现X射线可诱发果蝇、玉米和小麦突变；截至20世纪60年代，苏联和欧美国家已有近40年利用辐射技术育种的历史，属于比较成熟的育种专业技术。此外，刘大钧在苏联留学回国前夕，曾在季米里亚捷夫农学院系统培训过原子能农业利用技术，切实感受到原子能辐射诱变育种在农业生产中的广泛应用前景。

核辐射育种实验，光有想法是不行的。需要的设备国内没有，想要购买一套现成的核辐射设备，那真是异想天开。除了缺乏关键设备之外，学院也未组建相关科研团队，未配备科研实验助手。尽管困难重重，刘大钧依然坚守自己的信念，开始搜集整理相关研究资料，并发表了两篇研究综述《辐射与作物育种》[1]《苏联的小麦育种》[2]，详细阐释了辐射育种的工作机理，多次强调通过辐射诱变方法可以获得育种价值极高的突变体，重点介绍了苏联在辐射诱变育种技术方面取得的相关进展。

这期间，学校安排裴广铮老师配合他开展一些小麦—黑麦远缘杂交和辐射育种的预备实验。与此同时，在中国农业科学院华东分

---

① 刘大钧：《辐射与作物育种》，《文汇报》，1963年12月15日。
② 刘大钧：《苏联的小麦育种》，《农业科学技术参考资料》，1963年10月。

院核农学家冷福田①的大力推动下，以核辐射育种为目标的核能利用研究室终于成立，这个好消息使刘大钧仿佛看到国内开展核辐射育种的光明前景。

主持小麦遗传组

1964年2月，在金善宝②院长的大力推动下，由中国农业科学院和南京农学院双重领导的小麦品种研究室正式建立。小麦品种研究室主要是为加强中国小麦遗传和新品种选育而建立的专业性研究机构，研究室主任由时任中国农科院副院长、学部委员（院士）金善宝亲自兼任，其下设3个研究小组：一是品种资源组，由曾是金善宝助手的沈丽娟③（时任南京农学院科研处处长）担任组长；二是育种组，由金善宝的助手南京农学院小麦遗传育种专家吴兆苏④副教授担任组长；三是遗传组，由年轻的刘大钧讲师担任组长。当年刘大钧仅38岁，与沈丽娟、吴兆苏等资深专家相比，在资历上还是小字辈，能让他独当一面，承担起如此重要的科研业务，充分说明组织上对其个人能力和业务水平的信任。

---

① 冷福田（1915—），江苏镇江人，土壤学家、核农学家。曾负责组建江苏省农业科学院原子能利用研究所和南京辐照中心，研制成中子土壤水分测定仪，在农业、水利和地质等方面普遍应用。

② 金善宝（1895—1997年），浙江诸暨人，中国农业教育家、农学家、小麦育种专家，中国现代小麦科学主要奠基人，南京农学院首任院长，曾任中国农业科学院院长。

③ 沈丽娟（1919—2018年），浙江海宁人，曾任南京农学院（南京农业大学）科研处处长，研究员，从事麦类遗传育种、农业科技管理研究，政府特殊津贴获得者。

④ 吴兆苏（1919—1994年），教授，福建连江人，中国著名小麦育种专家，时任南京农学院农艺系主任。

1984年陈佩度、刘大钧、金善宝、吴兆苏合影（从左至右）

　　小麦品种研究室成立后，以南京农学院从事小麦遗传育种的教师和研究人员为主体，后来又陆续增加一批专职研究人员、辅助人员和技工。1965年9月，陈佩度[①]和陆维忠[②]大学毕业后，被分配到小麦品种研究室工作，他们主要跟随刘大钧开展遗传育种研究。这样，刘大钧的科研团队逐渐有了雏形，为育种攻关奠定了基础。

　　小麦品种研究室初建时，南京农学院老行政楼里为他们配备了两间办公室，配套的试验地在黑墨营农场，1965年试验地搬迁到江浦农场。这个时期学院从事小麦遗传育种的老师（讲师以上）基本都在该研究室兼职，吴兆苏、沈丽娟、刘大钧等也属于兼职研究人员。他们主要开展两项工作：一是小麦品种资源的收集、整理、保存和利用；二是常规小麦育种工作，主要是杂交育种。当时遗传组的主要工作是为育种准备材料，并有针对性地筹备开展辐射育种实验。

　　与此同时，另一个重要问题——核育种设备问题也得到了解

---

　　① 陈佩度（1944—），江苏无锡人，南京农业大学教授、博士生导师，长期从事作物遗传育种教学、科研工作，1985年被农牧渔业部授予"优秀教师"称号，1988年荣获农业部"有突出贡献的中青年专家"荣誉称号。

　　② 陆维忠（1938—2017年），江苏无锡人，江苏省农业科学院研究员，主要从事小麦遗传育种研究，1992年享受国务院政府特殊津贴。

决。当时中国农业科学院华东分院（即现在的江苏省农业科学院）在我国著名土壤学家、核农学家冷福田大力推动下，建立起一个核能利用研究室，目标就是研究辐射育种。

正值刘大钧带领遗传组积极筹备开展辐射育种研究时，国内政治运动愈演愈烈，酝酿已久的科研育种实验计划被迫长期搁置。1964年9月，他和其他几位老师被学校派往盐城大丰县参加第一批农村社会主义教育运动，直至1965年7月，这场运动才宣告结束[1]，刘大钧与同事们返回学校继续从事教学科研工作。

根据上级指示，南京农学院又开始实行"半农半读"。先是举办"半农半读"专修科，接着发动了改制学习和教学改革运动，师生们对改制疑虑很多，提出的很多好意见未被采纳。1965年2月，院务委员会通过《南京农学院关于实行半农半读教育制度的方案》，以此为基础又开展了诸多改革：诸如减少教学课程和学时数，规定课程门数一般不超过20门；进行课程体系改造，基础课门类大幅减少，专业课要求面向生产，与生产劳动密切结合；组织教师重新编写教材；在师资培养方面提出培养又红又专、能文能武、既能体力劳动又能脑力劳动的师资队伍；将江浦农场作为劳动基地，分批次安排师生到农场劳动，按系划分5个作业区，分别为一区农学系、二区植物保护系、三区农业经济系、四区土壤农化系、五区为专科，实行区系统一领导，即所谓"两块牌子，一套班子"。

1965年7月，刘大钧刚从盐城回来就被安排到江浦农场一区参加劳动，直至1966年上半年结束，将近一年的江浦农场劳动，非常辛苦。刘大钧的家在卫岗校区，他与其他家在南京市区的老师一样，每周一集体乘车去江北的江浦农场，周六集体乘车回南京卫岗校本部，那时南京长江大桥尚未建成，汽车需要轮渡才能过江，每

---

① 编委会：《南京农业大学发展史·历史卷》，北京：中国农业出版社，2012年，第304–305页。

次乘车单程需要1～2个小时，这些老师在江浦农场要干各种农活。据刘大钧的夫人陆家云教授回忆：当时女教师得到一定照顾，劳动强度不是很大，但男教师要干各种粗活、重活，非常辛苦。幸运的是，小麦品种研究室办公地点也改到了江浦农场，刘大钧在劳动之余可以与遗传组其他同志一起研究小麦育种问题，或者开展小规模的科研育种实验。

"宁麦3号"新品种

"文化大革命"开始后，南京农学院正常的教学秩序被打乱，许多科研工作被迫中断，所有正在进行的科研项目暂时搁置。教师们每天忧心忡忡，都在为自己和家人的安危提心吊胆。刘大钧为人性格开朗、做人低调、善交朋友，与那些年长的老教授们相比还算年轻，他还有苏联留学经历，因此仅被批评为"苏联修正主义"者，因此，他在"文革"中受冲击较小，算是幸运。那个特殊年代，刘大钧冷静地面对社会形势，沉下心来，将大部分时间用于思考辐射诱变育种及其相关实验工作，为辐射育种研究奠定了扎实的基础。

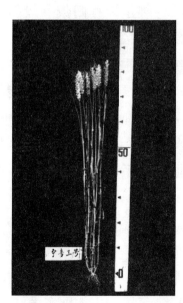

"宁麦3号"即"南农701"

辐射育种与传统的杂交育种、系统选育方法相比，具有变异多样、突变体稳定快、育种年限短等特点，但操作过程要求严格。选择原始材料是辐射诱变育种的基础，刘大钧和遗传组同事们在研究初期并未考虑到选材对小麦辐射育种后代变异的影响，选取的材料种类比较多，虽然经辐射诱变后选出不少具有不同优良性状的新品系，但与大面积推广的对照品种相比，仍有较大差距，辐射育种的效果普遍不理想。刘大钧科研团队通过再三试验研究，发现辐射处理对改善个别性状效果显著，但很难同时改变多个性状；根据小麦不同的育种目标，选取综合性状较好，但又有单一缺陷的品种或品系作为辐射处理材料，有可能取得较为理想的效果；同时他们经过反复实验，不断改进操作程序，对辐射剂量和辐射后代选择方法也进行多方面研究探索。

刘大钧与陆维忠、陈佩度等同事通过反复试验和观察分析，挑选了一批性状优异的小麦育种材料，其中刚从意大利引进的ST1472/506品系进入他们的视线，该品系具有矮秆、穗大、增产潜力大等优异特性，而在长江中下游麦区生长后期存在成熟不正常、籽粒不饱满、产量不稳定等因素，但这一品种恰恰是比较理想的辐射处理材料。

1968年6月，小麦夏收后，他们采用5 000伦琴[①]剂量的钴（^{60}Co）– γ射线外照射ST1472/506小麦干种子[②]，辐射处理后的ST1472/506小麦种子由陆维忠带到江西井冈山进行夏播加代，M_1代ST1472/506偏春性，在井冈山夏播结实正常。当年10月，收获的穗子被带回南京，在南京农学院江浦农场进行正常秋播种植M_2代。1969年5月，在小麦生长后期筛选出一批长势和熟相都比较好的单株；次年，这些被挑选出来的植株继续进行秋播，采收时从中遴选出14个表现优良的株系；1971年，在第四代的14个株系中，决选出"南农701"突变系，该品系基本保持了原品系矮秆、大穗、

① 伦琴为非法定计量单位，1伦琴单位 = 2.58 × 10^{-4}库仑/千克。
② 陆维忠，陈佩度，刘大钧，周朝飞，熊宝山：《高产小麦品种宁麦3号的选育》，《江苏农业科技》，1982年第3期。

丰产等优点，克服了成熟不够正常、籽粒不饱满等缺点，并提高了千粒重。

从1971年开始，为全面评价"南农701"，在江苏省淮南麦区进行多点试验，结果表明："南农701"突变系与原品系ST1472/506和当时淮南麦区推广种植的"扬麦1号"相比，都表现出不同程度的增产。1973年，在江苏小麦主产区爆发赤霉病的情况下，"南农701"在省区试的8个试点中，平均产量名列第二，经受住了关键考验。1974年，在江苏省淮南片小麦区域试验中产量名列第一。在同时进行的示范试验中，均表现矮秆抗倒、穗大粒多、籽粒饱满等特点。该品种在长江中下游淮南麦区大规模推广种植，表现出矮秆大穗、高产抗病等优点，在不同年份、不同地区均比对照品种"扬麦1号"有不同程度的增产。

"南农701"选育推广正值全国开展"文化大革命"时期，小麦品种研究室的科研人员遵照"抓革命、促生产"的号召，坚持科学研究为当前、当地生产服务。当时，南京农学院按照上级指示，下放扬州并与苏北农学院合并，成立江苏农学院，小麦品种研究室合并到江苏省农业科学研究所，刘大钧作为南京农学院的教师也到扬州江苏农学院工作，但他仍然经常到小麦品种研究室与年轻人一起讨论工作、开展田间观察。"南农701"在参加江苏省小麦品种区域试验的同时，在全省广泛进行多点试验。期间陈佩度和熊宝山正好在苏南稻麦两熟高产样板沙洲县（今张家港市）塘桥公社六大队蹲点，深入开展良种良法研究，开展新品种示范推广工作，仅用了2～3年时间就使"南农701"成为沙洲县的小麦当家品种，并在江苏省淮南麦区大面积推广。

1975年，经江苏省作物品种鉴定委员会鉴定，"南农701"被正式命名为"宁麦3号"①。1983年，该成果荣获农牧渔业部技术改

---

① 小麦品种研究室于1973年正式整建制并入江苏省农业科学研究所，故用"宁麦＊号"命名。

进一等奖，这标志着刘大钧科研团队多年来辐射诱变育种获得了重大成果①。

"宁麦3号"荣获中国农牧渔业部技术改进一等奖

① 江苏省农业科学研究所粮食作物研究室：《宁麦3号的选育经过和推广应用意见》,《三麦高新技术》，南京：江苏人民出版社，1976年，第180页。

第 | 四 | 章

"文革"岁月不蹉跎

迁校扬州两地忙

1966年，"文化大革命"开始，这场浩劫使我国教育战线受到重大影响，南京农学院也未能幸免，像国内其他农业院校一样，经历了撤销、搬迁、并校的过程。在迁校的过程中，南京农学院人员流失，教学设备损毁严重，大量珍贵图书资料丢失。刘大钧与学院的命运一样，在教学、科研和生活等方面经历了近十年的坎坷。

在"文化大革命"初期，刘大钧与学校的其他老师每天必须"早请示、晚汇报""天天读"、推选"活学活用"毛主席著作积极分子以及召开"积代会"。这个特殊时期无论哪项工作都必须以"革命大批判"开路，南京农学院核心组①和办事机构政工组的主要工作是举办各种类型学习班、召开批判会、出大批判专栏、树立"活学活用"典型，根据毛泽东的"吐故纳新"指示，发展新党员、成立党支部、建立新领导班子。

1971年4月15日，全国教育工作会议在北京召开，这次会议史无前例的会议长达3个多月，会议通过《全国教育工作会议纪要》，提出了"两个估计"，这"两个估计"使当时的教育形势更加雪上加霜，给深受迫害的干部和教师们又套上一副沉重的精神枷锁。在张春桥、迟群等人的操纵下，中央还通过了《高等学校调整方案》，其中包括南京农学院迁往扬州，与苏北农学院合并成立江苏农学院

---

① 1970年9月28日，经江苏省革命委员会批准成立南京农学院核心组，组长张春兰，副组长安玉平、王新群，成员包括杨德芳、王树桐、何健，革命委员会主任张春兰，副主任安玉平。

的决定。

1971年8月中旬，江苏省革命委员会派军代表担任南京农学院主要领导，并主持全面工作。11月28日，中共江苏省委正式下达并校决定，南京农学院迁往扬州与苏北农学院合并成立江苏农学院，归属中共扬州地委领导；学校党政工作、领导班子建设、政治运动、干部管理、人事调配、教育革命等由地委领导；专业设置和调整、招生就业、行政基建费、物资供应等由省相关部门管理。29日，江苏省革命委员会召集两个学院核心组成员开会，要求"两个学院做好人员的思想工作，搞好团结，加强组织性与纪律性，立即行动，元旦之前就搬迁到位。江苏农学院下设若干分院，面向生产、面向农村、面向苏北，宜兴分院暂时维持现状。"①两校合并组成的江苏农学院有教师734人，干部441人，工人698人。当年的苏北农学院由南通学院农科、苏南文化教育学院农业教育系、江南大学农艺系合并而成，校址建在扬州市西郊扫垢山，学院本部占地面积927亩，建筑用地60亩，农牧场500亩，其他用地367亩，房屋使用面积仅为南京农学院的一半（并校时南京农学院建筑面积近8万平方米）②。

自南京农学院迁至扬州，与苏北农学院合并为江苏农学院后，刘大钧被分配到农学系作物遗传教研组，组长是朱立宏③副教授，教研组根据研究作物的不同又分为三个小组，即小麦组、棉花组和水稻组。由于江苏农学院的教学和生活条件非常艰苦，没有家属居

① 编委会：《南京农业大学发展史·历史卷》，北京：中国农业出版社，2012年，第323页。

② 编委会：《南京农业大学发展史·历史卷》，北京：中国农业出版社，2012年，第325页。

③ 朱立宏（1921—2016年），水稻遗传育种学家、农业教育家。历任南京农学院讲师、副教授、教授，南京农业大学教授，全国农作物品种审定委员会委员，江苏省农业科学院水稻抗病育种顾问。毕生从事农业高等教育工作，培养了大批农业科技人才；阐明中国水稻育种中矮源利用格局，揭示水稻抗病遗传机理，选育出一批抗病品种，为中国水稻科学技术发展作出了重要贡献。

住区，刘大钧和陆家云夫妇只能暂住学校安排的集体宿舍，他们的孩子在南京上学，无法一起带到扬州，只能留在南京家中请母亲帮忙照顾。刘大钧夫妇与其他老师每周六从扬州返回南京，周一再从南京乘车赶到扬州，既要照顾家庭又要兼顾教学工作，特别辛苦，还需要克服许多常人难以想象、突然冒出来的困难。

20世纪70年代江苏农学院的教学大楼

与南京农学院相比，江苏农学院的办学条件更为艰苦，扬州校区的教师住房紧张、实验场地极其狭小、实验设备比较陈旧。刘大钧与同事们面对这种不利条件，毫无怨言地坚决服从组织安排，积极克服各种困难，快速调整自身状态，迅速投入到新的教学工作中。

这个时期，刘大钧开设的课程是遗传与育种学，由于在苏联留学过，对米丘林遗传学比较熟悉，对环境因素的影响也比较重视，在指导学生实习过程中非常注重实践能力的培养。汤一卒教授当时还是在校大学生，据他回忆："那个时候校园中基本都是工农兵学员，大多数都是地方组织推荐上大学的，这些人有一定的工作经历，相对而言自主学习能力和自律性强一些，刘先生就采取鼓励为主的教学方法。记得有一天，我到小麦育种地里去实习，那时的实习就是在地里挑选一些长势较好的单株，刘先生过来查看后，夸奖说'你的眼光不错，有一定自己的见解'，这在当时对我产生了极大的鼓励。刘大钧不仅注意选择教学方法，而且在教学态度方面也十分严谨，认真指导学生的理论知识，有学生弄不懂的时候，他就会不厌其烦地反复讲解，直至他们都理解为止，并经常鼓励同学们大胆地尝试创新。"[1]

新合并的江苏农学院面临着很多困难，其中最主要的是招生问题。1972年2月，江苏省的高等学校恢复招生。4月，江苏省革命委员会办公会议作出决定，江苏农学院缩减学生规模为1 000人，师生比调整为1：4，这个无理的决定引起全院教师一致反对，但省革委会对此却置之不理。在这种情况下，原定于春季的500人招生计划缩减为441人，分设农学、植物保护、畜牧兽医、机电4个专业。土壤农化、农业经济、园艺等专业停止招生。江浦、宜兴分院都未招生。新入学的441名大学生，小学文化程度81人，初中文化程度261人，高中文化程度仅有99人；为此，学院只好重新修订教学计划，大幅度压缩专业课程和实践课时，增加基础理论课程的占比。此外，还有一个比较令人头疼的问题是教材问题，为了适应新入学工农兵学员文化程度普遍低的现实情况，学院决定改变原有的教学方式，组织专业教师根据实际情况重新编写教材，刘大钧参与了多部校内教材的编写工作。

在此期间，刘大钧由于师生关系处理得体，性格和蔼，个人威信与日俱增。1974年2月，农学系一名73级工农兵学员徐某，声称有一袋经过处理的棉花雄性不育种子存放在学校育种教研组丢失，并公开在全院大会上进行揭露，立即引起全院轰动。少数领导立刻上纲上线，说这是资产阶级知识分子对待工农兵学员的立场是非问题，是反动思潮复辟问题。学院小报《江苏战报》以此为标题发表了大量文章，大肆进行渲染，随后这些文章又被江苏省公开出版刊物《江苏通讯》全文转载。学院核心组领导在舆

---

[1] "老科学家学术成长资料采集工程"采集资料，汤一卒访谈，2013年9月13日，南京，资料存于采集工程数据库。

论的压力下，成立了调查组追查此事，针对教研组主任潘家驹①副教授进行审问，并准备举行公开批斗会，这给潘家驹先生造成了极大的心理压力。

刘大钧时任农学系党总支委员、教师党支部书记，他认为这种事情不可能发生，极力反对公开批斗潘家驹老师，这使得批斗大会最终未能开成。后来经过细致的调查，事件真相才得以揭露，原来工农兵学员徐某曾选育出所谓的"义丰1号"棉种，因带有枯萎病等病害，潘家驹不同意其在校内种植，此人心生不满，所以故意捏造事实陷害潘老师。后来，徐某本人也主动承认所谓一袋雄性不育棉种丢失，完全是个人编造出来的。由于刘大钧的坚决信任和勇于坚持，这件事情才没有伤害到潘家驹先生，不仅保护了同事，而且使他在学院的个人威信有一定程度提高。

1975年6月，江苏农学院革命委员会的相关领导和教务处长应邀参加了农林部在辽宁朝阳农学院举办的高等农林院校负责人学习班，在会议结束后做出一个决定，那就是江苏农学院继续向下延伸办学。经过一段时间的工作考察，学院领导决定在扬州仪征县胥浦公社青山村创办分校，并确定青山分校的招生规模为1 000～1 500人，师生比为1∶3。经过一段时间的基建施工，一批简易的两层楼房在10月落成，学院核心组带领40名教工前往青山分校办学，286名大一新生在新校区开始上课，尽管很多老师意见比较大，认为青山分校尚不具备办学的基础条件，但仍无法改变学院领导的决定。

1976年，江苏农学院的农学、植物保护、畜牧兽医3个系也搬迁到青山分校办学，学院核心组成员7人中，有5人在青山分校工作②。青山分校由于生活条件极其简陋，致使一起意外事件发生：有

---

① 潘家驹（1921—2013年），浙江绍兴人，南京农业大学教授、博士生导师，农业教育家，著名的棉花遗传育种学家。

② 编委会：《南京农业大学发展史·历史卷》，北京：中国农业出版社，2012年，第329页。

一天突然下了一场大雨，一位年轻教师正在宿舍中休息，那时教工宿舍的床铺都是上下铺，这位老师的头不小心碰到悬挂的电灯，不巧此时一个闪电击中他，导致意外身亡。后来那位不幸遇难的老师被就地安葬在附近的一个小山头，孤零零的、连一棵树也没栽种，这件事情使所有的师生都不愿意到青山教学点工作学习，学院的办学工作遭遇到严重的困难。

潜心科研成效显

"文化大革命"期间，由于办学条件限制和"左"倾路线的不利影响，专业教师要想开展科研活动是十分困难的，既没有科研经费，也没有可自由支配的科研时间，为数不多的科研机会只能是结合教学与生产劳动进行。在这种极端艰苦的环境下，刘大钧并没有随波逐流，而是在努力做好教学工作的同时，始终坚持专业理论研究，自己创造条件开展小规模育种实验，使小麦品种研究室仍在正常运作。这个机构原隶属于中国农业科学院和南京农学院双重领导，领导干部和专职科研人员总计20多人，在南京农学院搬迁到扬州办学后，研究室还在江浦农场开展小麦品种资源收集和品种改良研究。

1971年夏天，金善宝院长推荐意大利小麦育种专家马里亚尼访问小麦品种研究室，负责接待任务的江苏省外事办公室高度重视这次来访，他们先派人到小麦品种研究室所在地——江浦农场进行考察，结果发现这个小麦品种研究室只有十几间简易平房，几间非常简陋的办公室和工作室，完全不具备接待外宾的基础条件。因此，省外事办公室建议将外宾接待地点临时改在位于孝陵卫的江苏省农业科学研究所，而此时该研究所由于"文革"期间干部下放，研究小麦育种的专业人员也仅剩下1人；为了顺利完成本次接待任务，小麦品种研究室选派了5名科技人员，借用江苏省农业科学研究所的场地来接待意大利专家。

在接待外宾期间，江苏省农业科学研究所革委会主任曲树方、副主任江枫等人多次表示，该所原有科研人员在"文革"期间大部分下放到农村或干校，目前的情况是有办公用房、有实验土地、有科研仪器设备，但缺少科研人员。外事接待工作结束后，小麦品种研究室负责人周朝飞[①]在征求金善宝院长同意后，与全体科研人员充分协商，并根据领导"整体搬迁不要打散"的建议，向省里提出书面申请，请求将小麦品种室合并到江苏省农业科学研究所，此举获得了上级组织批准，同时受到江苏省农科所的热烈欢迎，小麦品种研究室于1973年初整体并入江苏省农业科学研究所办公。刘大钧的教师编制属于南京农学院，无法调到省农科所，但他除了在扬州为江苏农学院的学生上课外，还经常来到江苏省农业科学研究所小麦品种研究室与同事一起搞科研，与他们保持着密切的业务联系。

1972年5月至6月，刘大钧参加了江苏省农业部门组织的三麦调研队，对扬州、盐城等地区的小麦生产进行调研。秋播后，他参加了江苏省小麦区域试验（淮南组），与小麦品种研究室的同行共同努力，扩大"南农701"小麦新品系的试种范围。在参与小麦育种实验的工作过程中，刘大钧深感要做好国内的小麦育种工作，必须进一步加强专业技术学习，借鉴国外先进的育种经验和理论成果；因此，他总是在忙碌的教学工作之余，抓紧一切时间认真学习，利用个人的外语优势，查阅和翻译了大量国外育种实验专业资

---

① 周朝飞（1935—），福建漳州人，小麦育种学家，1965年北京农业大学农学系遗传育种专业研究生毕业后进入中国农业科学院小麦研究室，1972年调任江苏省农业科学研究所小麦研究室主任，其小麦高产稳产新品种选育及其理论与方法研究，获"六五"国家科技攻关项目奖，"七五""八五"期间，主持参加全国小麦育种攻关国家重点研究课题。

料。10—11月，刘大钧先后翻译了《意大利冬小麦育种》《农业研究与教育》等外文专业资料。

1973年，刘大钧应邀到中国农林科学院参加国外农业文献的编译工作，在非常困难的条件下，翻译整理了大量的国外农业科学和农业经济发展资料，这些资料被编辑成册，1975年底由科学出版社正式出版，成为当时全国农业科技和农业行政管理部门的重要参考书目[①]。刘大钧之所以能参加这样高级别、高水平的编译工作，这源于他在大学时期刻苦学习外语，还有苏联研究生学习的经历，也充分证明了他的专业水平和专业能力。

1974年8月，南方冬麦区小麦科研协作座谈会在江西省庐山召开，刘大钧应邀参加了此次会议，与会代表研讨交流了小麦丰产技术和科研工作经验，广泛讨论了早熟小麦和高产小麦育种问题、抗病（赤霉病、白粉病）育种和群选群育大区域协作问题。南京农学院培育的"南农701"作为高产小麦选育品种，在这次会议上进行了经验交流和推广。

从1976年开始，刘大钧与江苏省农业科学研究所小麦品种研究室的同行专家，合作开展了聚合杂交和小麦亲缘植物染色体转移方面的研究，他们搜集亲缘植物、配置属间杂交、获得杂交与回交后代、进行性状与细胞学鉴定。同年，刘大钧在查阅大量文献资料的基础上，结合自己多年的实验研究，在《江苏农业科技》杂志上发表了学术论文《小麦高产育种的探讨》[②]，文中指出："一种作物的产量提高到一定程度后，需要作进一步品种改良才能使其产量向新的水平飞跃。在我国现有的育种和生产水平条件下，建议从三个方面开展研究：在产量结构方面，多穗型方案以多穗为基础，力争

---

① 中国农林科学院情报研究所：《国外农业概况》，北京：科学出版社，1975年11月。

② 刘大钧：《小麦高产育种的探讨》，《江苏农业科技》，1976年第4期，第26–35页。

提高千粒重；大穗型方案通过增加每穗粒数和千粒重的途径进一步提高产量；而中间型方案则通过每亩穗数、每穗粒数和千粒重同时并增的途径提高产量。在株型方面，叶片厚度和叶光合率有相关性，选择时应注意开花期、成熟早期绿色叶片数较多和抽穗早而生育期不显著缩短、后期叶不干枯的材料。在矮化方面，矮秆性在谷物产量形成的生理学基础方面存在一定的优越性，矮秆性可能与植物体内的赤霉酸有关，受环境因素影响，也可以通过种、属间远缘杂交创造矮秆材料。"

《小麦高产育种问题》学术论文

该论文发表后，刘大钧又经过近1年时间的研究和思考，在《中国农业科学》杂志上发表了《小麦高产育种问题》学术论文[①]，针对当时小麦生产的大好形势，把小麦高产育种中需要进一步明确和改进的问题提出来。他认为："高产育种必须具备三个基本条件：

① 刘大钧：《小麦高产育种问题》，《中国农业科学》，1977年第2期，第34—42页。

一是必须适应推广地区的环境条件，二是应能充分发挥高产栽培技术的增产作用，三是必须符合农业现代化的要求。在考虑育种方法时，也需要注意三个方面问题：一是原始材料或遗传资源，二是亲本选配和杂交方式，三是后代处理和产量结构的鉴定。"1977年，针对江苏省内育种专家关注的重要问题，刘大钧先后在江苏省农业科技短训班、江苏省小麦育种协作会上作了专题学术报告。

1979年，刘大钧在《自然辩证法通讯》上发表学术论文《作物育种技术的现代化》①，探讨了在当时情况下中国的作物育种技术如何才能真正适应农业现代化需求，尽快赶超世界先进水平。论文指出："省内的育种科技工作者必须要解放思想，在以下三个方面思想要更活一点、路子更多一些，一是育种目标的确定，农业现代化要求育成的作物品种，不仅具有更高、更稳的产量潜力，而且还要具有更好、更全的品质特征，现代化农业的特点也对育种工作提出新要求；二是在与作物育种密切相关的基础理论上，不能仅靠个别学科中单项技术的突破，而是要靠以遗传学为中心的多学科协同配合，在育种实践过程中，应该以已掌握的一切遗传学原理为技术指导；三是作物育种的方法手段，也必须更多地运用现代科学技术成果。"同年，刘大钧还应邀参加了全国农业院校农学专业统一教材《作物育种学》的编写工作，该教材于1981年由农业出版社公开出版发行。

① 刘大钧：《作物育种技术的现代化》，《自然辩证法通讯》，1979年第1期，第25–27页。

第|五|章

亲缘植物寻突破

赴法考察受启发

20世纪70年代中期，中法两国的外交关系开始解冻，两国的经贸合作关系迅速得到发展，开始在农业领域开展一系列互访活动。依据中法两国相关合作协定，农林部委派刘大钧参加"中国赴法农业考察团"。5名成员分别来自南京农学院、中国农林科学院、山东农业科学院等单位。1975年6月17日至7月10日，考察团对法国的小麦和玉米育种技术、栽培措施和良种繁育制度进行了系统考察。

为考察法国作物育种水平，刘大钧做了充分的业务准备，出发前利用2个月时间查阅了大量的学术文献，对法国农业的研究机构、小麦和玉米育种动态进行初步了解。法国位于欧洲西部，全境东南高、西北低，除中部为高原外，全国地势低平，基本属于平原地势。法国禾谷作物品种主要有小麦、大麦、玉米、燕麦、黑麦、高粱、水稻等。小麦是法国的主要谷类作物，以软粒冬小麦为主，春小麦占小麦面积的1/10，20世纪70年代扩大种植了硬粒小麦，基本能够满足食品工业的需求。除单一经济作物区和畜牧区外，小麦在法国各地都有种植，其主要产地是塞纳河盆地，其次是加龙河和罗纳河流域。大麦在法国谷物中种植面积居第二位，截至1975年已种植近4 500万亩，主要分布在土壤较差和气候较冷地区，以二棱大麦为主。玉米是法国谷物中的第三大作物，全部为春播玉米，主要用作饲料。油料作物主要是向日葵、亚麻和油菜。甜菜和马铃薯作为饲料或工业原料，甜菜主要分布在北部地区。以前法国不种植大豆，完全从美国进口，为了摆脱美国的经济控制，20世纪60年代中期，法国开始引种大豆，至70年代中期，在南部和西南部种植面积已达6万亩，种植品种主要是美国大豆。

法国自20世纪40年代以来，小麦和玉米总产量有很大的提高，小麦主要靠提高单产，而玉米主要靠扩大面积和提高单产两种手段，在这个过程中良种繁育起到了重要的作用。20世纪70年代，由于采用了良种，小麦单产比50年代初期提高2倍多；新培育的抗寒、早熟、高产玉米杂交品种，从法国南部、西南部扩展到北部、西北部，种植面积比50年代初期扩大7倍，单产增长3倍以上。

刘大钧一行抵达法国当天，即到凡尔赛参观小麦育种试验站。第二天，考察团驱车前往100千米外的巴黎北部佩罗讷考察小麦和玉米育种情况。在法国考察期间，刘大钧一行先后参观考察了17个单位，其中包括：法国农业研究院（巴黎）、凡尔赛农业研究中心（法国北部）、雷恩农业研究中心（西部）、克勒蒙菲朗农业研究中心（中部）、蒙彼利埃农业研究中心（南部）、图卢兹农业研究中心（西南部）、第戎农业研究中心（东部）、格里农学院以及两家私人种子公司和一个农户。

法国专家和农民对中国科学家考察团表现出极为友好的态度，除了热情接待外，还赠送了技术资料和作物种子（小麦品种21份，玉米杂交种4份、自交系9份）。在考察过程中，法国多家研究机构和私人种子公司都表达出与中国开展农业技术交流的迫切愿望，并希望进一步互派人员交流。

正所谓他山之石可以攻玉，20多天的参观考察给刘大钧留下了极为深刻的印象，法国农业育种工作可以学习借鉴的经验很多，刘大钧认为其中最主要的是他们高度重视遗传育种资源的搜集、保存和研究，还有育种机构与世界各国知名科研院所都有紧密的合作关系，这一点非常值得学习与借鉴。法国搜集的遗传资源原始材料份数不多（3 000余份），但种类比较丰富。法国育种专家对这些原始材料中的遗传资源非常熟悉，各种性状的鉴定工作是按照研究中心分工进行的。此外，法国育种专家非常重视亲缘植物的遗传资源利用，特别是山羊草属、冰草属、黑麦属和簇毛麦属，旨在寻找小麦属内难以获得或缺乏的遗传基因①。

通过参观考察，中法两国作物育种专家加深了相互了解，增进了彼此之间的友谊。雷恩农业研究中心技术员苏尔斯（译音）表示："我热烈欢迎中国专家来到法国，能够接待大家使我深感荣幸；我读过毛泽东主席的5篇哲学文章，受益匪浅；法国人民对中国是非常友好的。"全程陪同中国专家考察的玛丽渥地尔（译音）夫人动情地说："我陪同过10余个国家的代表团，与中国专家一起工作，我感到最高兴、最友好，每位中国朋友都很热情。"

出国考察任务完成后，刘大钧主笔撰写一份3万多字的考察报告，并根据中央领导的指示精神，针对江苏省急需解决的小麦特早熟、抗赤霉病等育种工作，提出三点建设性意见：

刘大钧主笔完成的《中国农业考察团赴法国考察报告》（1976年）

---

① 《中国农业考察团赴法考察报告》，中国农林科学院科技情报所，1976年4月（内部资料）。

一是，路线是根本，领导是关键。考虑到这一任务有一定艰巨性，建议立即成立由领导、群众和科技人员组成的领导小组，发动群众，端正路线，制订计划组织攻坚。领导小组要把各级农业研究单位和高等院校的有关专业人员（如遗传育种、植物生理、植物病理和农业气象等专业）组织起来开展革命的大协作，并把专业研究和群众运动、基础研究和育种实践有机结合起来，力争在较短的时期内得到突破。

二是，育种工作中品种遗传资源的征集、研究有如冶金工业中的地质勘探和矿山开采。蕴藏在品种材料中的遗传资源是解决特定育种目标的物质基础，没有相应的遗传资源，要想使品种有所突破只能是徒劳无益或事倍功半。因此要加强品种遗传资源工作，为使这一工作得以落实，建议兴建省级种子库，配备必要的技术力量和设备，成立专门负责作物品种遗传资源征集、研究、利用、贮存的机构（其他作物如水稻、棉花亦有此需要），尤其首要抓好扩大征集和性状鉴定工作。

三是，育种工作要突破老大难问题，必须承认困难，分析困难，向困难作斗争。分析困难就必须加强基础研究，任何指望某种捷径，一蹴而就的想法是不行的，这实际上就是毛主席早已指出必须清除干净的那种"依靠意外便利，侥幸取胜的心理。"为使小麦育种工作真正有所突破，必须加强有关早熟性和赤霉病抗性的基础研究。在早熟性研究方面要加强在人工气候条件下进行分析、鉴定与选择的研究。在赤霉病抗性研究方面要加强抗源筛选和利用亲缘植物人工创造新抗源的工作。此外，对赤霉病病原生物学诱发流行规律鉴定技术、选择指标和育种程序等方面亦需进行深入研究。

他的这些专业性建议得到江苏省农林局的充分肯定，并逐步得到落实。

这次赴法考察工作结束后，鉴于刘大钧扎实的专业基础和出色的外语能力，上级组织多次委托他参加外事接待工作，例如：1976

年5月，接待了美国赴华小麦考察团，针对小麦杂交育种等问题进行学术交流；9月，接待了联邦德国赴华小麦育种考察团。这些国际性交流互访进一步拓展了刘大钧的学术视野，为他其后的科研工作打下了坚实基础。

专注近缘属物种

人类驯化小麦已有数千年历史，在长期的人工选择和定向培育下，作物生产水平和产量逐步提高，但其抗病抗逆能力却逐渐减弱。培育抗病高产的优质小麦品种，既能提高作物产量和面粉品质，又能减少病虫害带来的经济损失，是世界各国育种专家面临的迫切而艰苦的探索任务，传统的探索主要是通过现有小麦品种之间杂交，利用重组选择进行遗传改良。但这种培育方式带来了小麦品种遗传基础狭窄和同质化的问题。

小麦起源于中东地中海地区的新月地带，是通过祖先种间的两次远缘杂交而形成的，在自然界存在丰富的栽培小麦野生近缘物种，这些野生近缘种抗病性抗逆性好。1975年赴法国的参观考察使刘大钧颇受启发。法国育种专家开展的小麦近缘植物杂交育种和花粉培养研究，引起他的极大关注。法国育种专家利用偏凸山羊草（*Aegilops ventricosa*）与普通小麦杂交、回交，创制了VPM系列品种，它们对根腐病、白粉病和锈病均有一定的抗性。

在法国考察交流过程中，法方科研人员还提到簇毛麦[①]可能对小麦赤霉病具有抗性，但他们并没有开展与此相关的实验研究。刘

---

① 簇毛麦（*Haynaldia villosa*）在植物分类上属禾本科（*Gramineae*）小麦族（*Triticeae*）小麦亚族（*Triticinae*），是小麦的野生近缘种，主要分布在地中海沿岸。

大钧获得这个信息后如获至宝，因为江苏小麦产区赤霉病非常严重，既然小麦抗赤霉病育种缺乏抗性突出的抗源，如果簇毛麦真的能够抗赤霉病，长期困扰科研团队的难题将会迎刃而解。

1976年，刘大钧通过南京中山植物园与英国剑桥植物园的合作关系，引进一批簇毛麦、山羊草等多种小麦亲缘植物资源，开始启动抗赤霉病研究。根据陈佩度教授回忆：

> 我和刘先生从1976年开始启动远缘杂交实验，真正系统地开展小麦与簇毛麦杂交试验是从1978年开始。我的硕士学位论文题目是《小麦—簇毛麦的远缘杂交》，我们试验用簇毛麦与各种小麦杂交，包括与二倍体小麦、四倍体小麦和六倍体小麦杂交。普通小麦与簇毛麦亲缘关系比较远，杂交结实率很低，杂种F_1代是不育的，需要进一步回交，回交以后再在后代里面遴选，在小麦的染色体背景中添加簇毛麦不同染色体的后代，通过选育小麦—簇毛麦异附加系、代换系，从而把簇毛麦的多种优良性状转移过来。

簇毛麦 *Haynaldia villosa* Sch.
(syn. *Dasypynum villosum* L.,
2n = 14, VV)

刘大钧科研团队引进簇毛麦种子后，在南京进行种植，并开展赤霉病抗性鉴定，经过多年的田间和室内人工接种发现：簇毛麦对小麦赤霉病没有明显抗性，但对小麦白粉病有很好的抗性。这一发现使他们开始利用簇毛麦改良小麦白粉病抗性，谱写了中国小麦白粉病抗性遗传改良的新篇章。

除了对簇毛麦、大赖草、鹅观草属进行系列研究外，刘大钧科研团队还对小麦近缘属的20多个物种进行研究，分别是大麦属（*Hordeum* Linn.）、黑麦属（*Secale*）、山羊草属（*Aegilops* spp.）、披碱草属（*Elymus* spp.）、偃麦草属（*Elytrigia* spp.）和旱麦草属（*Eremopyrum*）。研究结果证实了大赖草对赤霉病有很好的抗性，并发现广泛分布于长江中下游地区的鹅观草属两个物种——纤毛鹅观草和鹅观草对赤霉病有很强抗性。

1994年，刘大钧在他的论文《向小麦转移外源抗病性回顾与展望》[①]中提到：

1984年至1994年期间，南京农业大学细胞遗传研究所在转移外源抗性研究中已获得硬粒小麦—簇毛麦双倍体、普通小麦—簇毛麦双倍体、普通小麦—簇毛麦染色体6V二体附加系、普通小麦—簇毛麦染色体6V二体代换系、普通小麦—簇毛麦（6AL/6VS）易位系、普通小麦—大赖草二体附加系、普通小麦—鹅观草二体附加系、普通小麦—纤毛鹅观草二体附加系。

十多年来，科研团队在转移外源抗性的研究中，积累了重要的经验：

1.这一研究既是一项十分有意义的工作，又是一项十分艰巨的任务。其重要性与意义不仅在于它能解决育种工作所紧缺的基因资源，而且更在于所创造的种质往往在利用过程中还可发现其未曾预料的（其中特别是易位系）价值。另外，这一研究所创造的各类材料除其实际的育种应用价值外，对于许多基础研究也有其不可替代的特殊用途。这在小麦生化标记和分子标记的定位中已被证明。

2.在转移外源抗性的研究工作中，对外源染色体、染色体片段及所携带的外源抗性基因的准确有效鉴定十分重要。因为鉴定是筛选的基础，也是科学验证的依据。鉴定既涉及抗性又涉及外源染色

① 刘大钧：《向小麦转移外源抗病性回顾与展望》，《南京农业大学学报》，1994年第17期，第1—7页。

质或外源DNA，因此所需技术较多，必须正确掌握与恰当应用。值得提到的是各种鉴定技术的综合应用和所获结果的相互验证。因为只有这样才能真正取得不仅知其然而且多少能知其所以然的研究结果。

3.转移外源抗性研究实际是一个逐步深入的过程。过去的研究成果往往为后一阶段研究提供线索和奠定基础。

簇毛麦远缘杂交

南京农学院复校后，刘大钧率领科研团队全身心投入到小麦远缘杂交实验中，之所以此时开展远缘杂交研究，主要是国内南方麦区爆发较为严重的小麦赤霉病，科研团队的目标非常明确，将小麦亲缘植物的优良抗病基因转移到小麦中，提高小麦抗赤霉病的能力和产量，培育小麦新品种。

远缘杂交是指不同种间、属间甚至亲缘关系更远的物种之间的杂交，它突破种属界限，扩大遗传变异，可将不同种属的特性结合起来，从而创造新的变异类型或新物种。20世纪70年代，国内外很多学者已经利用远缘杂交技术培育新作物品种，刘大钧率领科研团队启动了远缘杂交育种研究，他们的主要目标是将近缘植物中的优良抗病基因转移到小麦中，以提高小麦的抗病能力，科研团队首先针对簇毛麦开展系统性研究。

在欧美国家，很早就有学者对簇毛麦展开研究，S. E. Tschermark（1928年）、W. J. Sando（1935年）等专家曾成功将小麦与簇毛麦杂交；E. R. Sears（1953年）、B. B. Hyde（1953年）试图将簇毛麦的抗锈病性等向小麦转移。20世纪60年代，随着染色体技术日臻成熟，国外学者针对亲缘植物有益基因转移给普通小麦的研究，已在理论研究、技术方法和实践应用等方面取得重大突破。但国内这方面的研究几乎是空白，很多人甚至没有听说过"簇毛麦"。刘大钧科研团队对簇毛麦的研究得到农业部的高度重视，并获得一定的资助，这对于白手起家的科研团队来说发挥了极其重要的作用①。

1982年，刘大钧科研团队对簇毛麦的前期研究基本结束，科研工作取得突破性进展，不仅全面鉴定了簇毛麦性状，发表了一批重要学术研究论文，还获得了一批对白粉病免疫和籽粒蛋白含量高的回交转育高代材料，并鉴定出一批附加系、代换系和易位系，为后续簇毛麦染色体工程研究奠定了基础。

此外，科研团队还积极探索国内小麦育种研究新领域，在转移簇毛麦抗病基因研究方面跻身世界先进行列。提高小麦抗性是作物育种工作的重要目标之一，包括可能引发减产的各种生物或非生物因素抗性，诸如：抗病性、抗虫性、抗寒性和抗旱性等。小麦白粉病是一种世界性作物病害，其危害性随着水、肥条件改善和产量提高而日趋加重，这种病害侵袭小麦植株地上各器官，以叶片和叶鞘为主，受害叶面早期变黄、发枯，病株个头矮小，严重者不能成穗，颖壳和芒也可能受到损害。

20世纪的60—70年代，中国小麦白粉病抗性多源于黑麦1R/1B代换系和1RS/1BL易位系，例如：洛夫林10、洛夫林13、高加索、阿芙乐尔等，抗源单一，还具有遗传脆弱性的威胁；80年代末，黑麦1R的抗性开始逐渐丧失，我国农业生产急需寻找新抗源，这是一次重要的科研机会，也是一个艰巨的挑战，刘大钧科研团队主攻小麦抗病性研究，抗白粉病研究是主要工作内容之一，对稳定小麦

① "老科学家学术成长资料采集工程"采集资料，1979年《亲缘植物种质导入小麦的研究》计划任务书，编号SG-001-025，存于"采集工程"北京馆藏基地。

产量具有十分重要的意义①。

客观地说，从20世纪70年代中期开始，刘大钧科研团队已经在关注小麦亲缘种属的基因资源，发现簇毛麦是值得重视的基因资源，并启动以转移白粉病抗性为主要攻关目标的生物技术育种研究。

刘大钧带领科研团队全体人员，经过多轮种植实验和艰苦探索，最终确立的整体研究思路是：利用小麦与亲缘物种进行种间或属间杂交，获得杂种F_1或双二倍体（$2n = 6x = 42$）；双二倍体②具有对白粉病免疫、抗锈病、籽粒蛋白质含量高等优良特性，是培育抗白粉病小麦品种的重要基础材料；通过杂种F_1或双二倍体"桥梁"，可以从普通小麦回交后代中遴选出二体异附加系③或异代换系④，进一步获得易位系⑤，将有益基因转移到栽培小麦中。

关于刘大钧领衔完成的这一阶段科研工作，陈佩度教授不无感慨地回忆：

国内细胞遗传学是20世纪70年代末迅速发展起来的，这个时期刘先生招收了多名研究生，其中包括杨世湖和吴琴生。他们先后被派到国外访学，吴琴生被派到英国洛桑试验站研究组织培养，主要是小麦的原生质培养，杨世湖到美国普渡大学，研究水稻原生质体⑥的培养。刘先生有一个观点，国内处于改革开放初期，很多技术力量比较薄弱，学术视野也比较闭塞，他说要派就派到国际上最好的实验室去学习，这样才可以赶上国际学术领域的步伐，例如：

---

① "老科学家学术成长资料采集工程"采集资料，《抗白粉病普通小麦——簇毛麦易位系选育及Pm21基因染色体定位》成果报告表，编号DA-004-009，原稿现存于南京农业大学档案馆。

② 双二倍体：含有来自双亲的单套染色体的杂种一代经染色体数加倍后产生的同时含有双亲成对染色体组的个体。

③ 二体异附加系：在普通小麦染色体背景中添加了外源染色体的个体。

④ 异代换系：添加了1对外源染色体的个体。

⑤ 易位系：某个外源染色体臂或染色体区段转接到小麦染色体上的个体。

⑥ 原生质体：去掉细胞壁的具有生活力的裸露细胞。

关于细胞遗传研究，Gill[1]是少壮派，刘先生就派我去其实验室学习；吴琴生到英国学习小麦的原生质体培养，成为国际上最早拿到绿芽的研究者；杨世湖在美国学习水稻原生质体培养成株技术，学成回国后在世界上最早拿到籼稻原生质体成株，他们研究出来的成果在国际上都是一流水平，回国后在国内完全可以成气候的[2]。

1980年，刘大钧科研团队在簇毛麦与硬粒小麦的杂种后代中，偶然发现一株散粉良好的可孕BC$_1$植株，结实率为50%～80%，细胞学鉴定2n = 42，植株及其自交后代都具有颖脊刚毛、叶缘茸毛和对白粉病免疫等标志性状，科研团队敏锐地判定其为硬粒小麦—簇毛麦间的异源多倍体（即双二倍体），这种远缘杂种异源多倍体的创制在理论和实践中都具有重要的价值。

为了进一步确认这个远缘材料的染色体组成，他们运用染色体N-分带技术，进行全面系统的遗传分析和细胞学鉴定，发现其染色体组成具有来自硬粒小麦亲本的A、B染色体组和来自簇毛麦的V染色体组，证明其具有"硬粒小麦—簇毛麦"双二倍体的形态、性状遗传以及细胞学方面的稳定特征；其株高、穗长、千粒重、籽粒蛋白质含量、籽粒赖氨酸含量等指标明显高于普通小麦品种；在温室爆发严重植物疫情条件下，植株对白粉病表现出免疫性；在田间自然发病的情况下，植株抗秆锈病和叶锈病[3]。

"硬粒小麦—簇毛麦"
双二倍体

---

① Gill，美国堪萨斯州立大学教授，国际著名小麦细胞遗传学家、国际小麦种质资源研究中心主任。

② "老科学家学术成长资料采集工程"采集资料，陈佩度访谈，2013年3月29日，南京。资料现存于采集工程数据库。

③ "老科学家学术成长资料采集工程"采集资料，1984年《外源种质在作物育种中的利用研究总结一》，编号SG–001–036，原稿存于南京农业大学档案馆。

刘大钧科研团队在国际育种领域率先培育出"硬粒小麦—簇毛麦"双二倍体种质，在随后开展的小麦新品种选育计划中，又培育出一批对白粉病高抗免疫的育种材料，并与大麦、黑麦、山羊草、冰草等小麦亲缘植物进行杂交，创制出多属杂种。"硬粒小麦—簇毛麦"双二倍体是一种不可多得的小麦育种材料，携带多种簇毛麦有益性状，极大丰富了小麦遗传改良种质资源库。1986年，这项科研成果获得农业部科学技术进步奖三等奖。

创制育种新种质

20世纪80年代中期，刘大钧科研团队已成功利用染色体工程的原理和方法，培育出异附加系和异代换系，对有效地从小麦亲缘物种向栽培品种转移有益基因和小麦品种改良起到了重要的促进作用。染色体工程项目使科研团队的研究思路更加清晰，核心目标定位在基础研究与应用研究、长期计划与近期目标、创制育种材料与发展研究方法相互结合，清晰的工作思路极大地促进了学科发展和科研队伍建设，虽然刘大钧作为校长肩负了大量的行政管理工作，但他领衔的科研团队进入了快速发展时期。在此基础上综合运用外源性状追踪、染色体分带、非整倍体和同工酶等技术，培育出一套普通小麦—簇毛麦异附加系和多个普通小麦—簇毛麦异代换系。

为了将簇毛麦的抗白粉病优良基因转到普通小麦的推广品种中，刘大钧带领科研团队继续攻关，配制了数十个、乃至上百个优良普通小麦品种与硬粒小麦—簇毛麦双二倍体、异附加系或异代换系的杂交，虽然它们的杂交结实率可高达80%～90%，但杂种后代未能选出兼具簇毛麦优异白粉病抗性，又具有普通小麦综合丰产农艺性状，且能稳定遗传的远缘杂种后代。经过对这些后代进行系统细微的抗病性鉴定和细胞遗传学分析，发现主要原因是簇毛麦与普通小麦虽然有一定的亲缘关系，但亲缘关系比较远，簇毛麦染色体与小麦染色体在杂种后代中不能正常配对、发生染色体交换和基因重组，因此还必须在获得小麦—簇毛麦异附加系和代换系的基础上再进一步创造易位系。

小麦—近缘物种易位系是小麦和近缘物种的异源染色体间片段互换所形成的遗传材料，是将近缘物种染色体上的有益基因转移到栽培种上的重要形式，可减少因整条染色体转移携带的不利基因影响。刘大钧科研团队将辐射诱变技术应用到普通小麦—簇毛麦易位系的选育之中，在优良普通小麦品种与6V（6A）异代换系的辐射后代中，综合应用外源抗性追踪、染色体分带、分子原位杂交和非整倍体分析等技术，选育鉴定出普通小麦—簇毛麦6VS/6AL易位系。

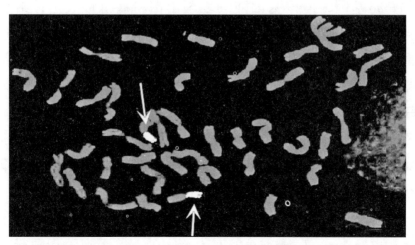

以簇毛麦基因组DNA作探针的小麦—簇毛麦6VS/6AL易位系的
根尖细胞有丝分裂中期染色体分子原位杂交制片
（箭头所示为易位系染色体）

簇毛麦、硬粒小麦—簇毛麦双二倍体、普通小麦—簇毛麦6V附加系和6V代换系在国内数十家单位试种，全部表现出高抗白粉病。在国外试种的效果也是如此，携有6V染色体的附加系和代换系在美国堪萨斯州立大学植病系温室小麦白粉病爆发的情况下，表现出很强的免疫性；在联邦德国的白粉病抗性鉴定中，抗性最好。在6V代换系基础上创制的6VS/6AL易位系也表现突出，且具备不同于其他白粉病抗源的特点。

1993年7月，第八届国际小麦遗传学会议在北京举行。刘大钧科研团队发表了"Development of *T.aestivum-H.villosa* translocation line with mildew resistance"（《抗白粉病小麦—簇毛麦易位系的选育》），这篇学术论文引起与会代表高度重视，经过申请，国际小麦基因命名委员会同意将刘大钧科研团队创制鉴定的6VS/6AL携带的抗白粉病基因正式命名为*Pm21*。当时，正式命名的小麦白粉病抗性基因有20个（*Pm1 ~ Pm20*），这些基因的一部分在农业生产中得到大面积利用，例如，国内外应用最广泛的是来自黑麦1R的*Pm8*基因，但该基因陆续表现出白粉病抗性衰退，给小麦安全生产带来严重的潜在威胁。全球的遗传育种工作者亟须找到新的抗白粉病基因，刘大钧科研团队创制并成功鉴定的抗白粉病基因*Pm21*及时满足了小麦抗病育种需求。尽管普通小麦—簇毛麦异附加系不能直接应用于农业生产，但抗白粉病异附加系、异代换系和易位系的育成和鉴定，将簇毛麦的抗白粉病基因定位到6V染色体短臂特定区域，为小麦抗白粉病育种提供了一个新抗源。

刘大钧科研团队的研究成果发表在学术期刊《理论与应用遗传学》（*Theoretical and applied genetics*）上，受到国际同行高度关注。美国、加拿大、德国、意大利、西班牙、荷兰、波兰、捷克斯洛伐克、印度等国家的育种专家主动索要论文，国内外遗传育种科研机构来函索要易位系。为了加强国际学术交流，满足国内外专家学者的请求，科研团队与国内外50多家单位或科研机构合作鉴定易位系，得到国内外相关单位大量的来信反馈，该易位系"对白粉病表现出优良的抗性，是一个难得的白粉病新抗源"；有些单位已选育出抗病性突出、农艺性状优良的新品系，并认为"在抗白粉病材料奇缺的情况下，这个珍贵的育种材料，真可谓雪中送炭……"。

江苏里下河地区农业科学研究所的应用证明如下：

我所小麦育种研究室自1993年从南京农业大学细胞遗传研究所引进普通小麦-簇毛麦易位系，并将其对白粉病的抗性向大面积种植的普通小麦品种"扬麦158""扬92928""扬93-63"等进行回交转育，三年的实践证明：该材料对白粉病抗性能始终保持在免疫水平，是我所多年来引用的10多个对白粉病内外抗性最好的一份材料。选育出的抗白粉病材料出穗大、长势旺盛，具有较好的适应性。至今尚未发现携带对生产严重不利的性状。普通小麦—簇毛麦易位系在小麦育种上可以被广泛利用，对提高小麦品种的白粉病抗性以及改善其他农艺性状具有重要的现实意义和巨大的经济意义[1]。

1989年，国际小麦玉米改良中心前主任Fisher博士和该中心巴拉圭、土耳其试验站小麦育种专家参观南京农业大学细胞遗传研究所后，引种了普通小麦—簇毛麦6V代换系，经墨西哥小麦玉米改良中心本部、巴拉圭和土耳其试种鉴定，表现出对白粉病免疫。1992年，国际小麦玉米改良中心普通小麦研究部主任Rajaram博士访华，专程前往南京农业大学细胞遗传研究所小麦试验田考察小麦—簇毛麦易位系抗白粉病情况，并索要易位系种子，经试验鉴定6VA/6AL易位系高抗白粉病。1996年，该成果获得农业部科技进步奖二等奖；1997年，荣获国家技术

---

[1]《普通小麦—簇毛麦抗白粉病易位系发放单位名录》。存于南京农业大学档案馆。

发明奖三等奖。

刘大钧（左四）参加*Pm21*科技成果鉴定会（1995年）

第|六|章

甲子之年任校长

艰难复校新征程

1979年1月2日，中共中央办公厅发出"关于南京农学院复校问题"的电报指示，正式批准南京农学院原址复校，这一刻真的来之不易，南京农学院下放扬州已经整整7年，得到好消息后师生们欢欣鼓舞、奔走相告，期待着尽快回到熟悉的卫岗校区，早日实现正常的教学和科研工作。

"文化大革命"期间，为了能够复校，原南京农学院的师生们一直在不懈努力。1974年，有关南农复校的呼声已经开始出现，当时学院干部带领30多名师生到江苏省教育厅提出正式申请，但未得到任何答复。粉碎"四人帮"后，原南京农学院的领导和教师们，尤其是很多德高望重的老教授强烈要求原址复校，他们不断地给中共中央、国务院、教育部、农林部和江苏省委写建议信，先后有200多名干部和教师签名支持这一动议，但仍没有得到相关部门同意[①]。

1978年12月，中国共产党第十一届三中全会在北京胜利召开。中国改革开放的大幕由此拉开，在中央有关部门的积极支持下，特别是农林部有关司局领导和南京农学院老领导金善宝、刘锡庚、朱启銮等人的积极呼吁，中共中央正式作出恢复南京农学院的决定。

在"复校决定"电报发出9天后，中共农林部党组和中共江苏省委联合发布了"贯彻中共中央关于南京农学院复校问题的实施意

---

① 编委会：《南京农业大学发展史·历史卷》，北京：中国农业出版社，2012年，第333页。

见"，并成立领导小组，由胡宏①为组长，何康②、臧成耀③、郑康④为副组长，加快推进南京农学院的复校进程。江苏农学院内部也成立了复校筹备小组，由陈西光、刘程九等同志组成。

学校整体搬迁是一次大规模的行动，与7年前下放到扬州的方式一样，迁回南京复校也分批进行，刘大钧所在的农学系被安排在第二批。至1979年4月，南京农学院完成整体搬迁工作，南京农学院迁校扬州的历史正式宣告结束⑤。

南京农学院复校后，师生们终于回到朝思暮想的卫岗校本部原址，但看到的情景不禁令人潸然泪下，与7年前下放扬州离开时相比，整个校区面目全非。教学区通往住宿区的唯一道路是一条沙石路，遇到雨天全是泥巴，难以行走。从卫岗进入学校的主路两侧是南京市牛奶公司的两个大型奶牛场，运输奶牛粪便的车辆经常把牛粪撒落在路上，气味极其难闻。很多老师开玩笑地说，当时学校里面的男孩子都不敢带城里的女孩子经过这里，因为城里人到了这里都说是乡下，就不跟男孩子谈对象了。

南京农学院复校初期，教学科研环境十分艰苦，学校原有的教学科研用房被5家单位分别占用，其中江苏省委党校和江苏省地震局占用的面积最大，校园中部位于现在综合楼的位置还安装了两台超大型卫星接收器，是某军工单位的卫星地面站。学院从扬州迁回南京卫岗校区后，全部的教学和科研工作仅集中在先期交还的1万平方米教学主楼内，难以施展拳脚，"文化大革命"前学校的86个

---

① 胡宏（1918—2007年），重庆市璧山人，中共江苏省委原常务书记、江苏省革命委员会原副主任，1979年时任中共江苏省委副书记。

② 何康（1923—2021年），福建福州人，农学家、农业管理专家、社会活动家，曾任农业部部长、党组书记，1979年时任农林部副部长。

③ 臧成耀（1924—），河北阜平县人，农业科技管理专家，1979年时任农林部科教局局长。

④ 郑康（1927—），河北丰南县人，1979年时任江苏省教卫办负责人。

⑤ 编委会：《南京农业大学发展史·历史卷》。北京：中国农业出版社，2012年，第333页。

实验室仅恢复一半，很多实验课没有办法开出，学生要做大田实验需要到外单位租地。南京农学院复校后军工单位设备迟迟不拆除，严重影响了学校的正常运行。

程遹年[①]教授时任南农副院长，他回忆道："那时候是学校的恢复期，真正的百废待兴。因为刚从扬州搬迁回来，校园被几家省级单位占用，归还的教学房子很少，几个系部都挤在一栋楼里面上课。刘大钧先生的作物遗传育种实验室，也就是现在的国家重点实验室前身，是在一个公共厕所的基础上改造出来的，用木板子铺一下做成实验室，启动他们的细胞遗传学研究，当时的确是非常困难。"[②]

除了教学用房被外单位大量占用外，"文化大革命"期间很多教工的生活用房也严重损毁，部分房子已经不能继续居住，为了保障最基本的教学和生活秩序，学校紧急搭建了1万多平方米的芦席篷房、简易房和活动房，但使用3~4年后都已经残漏破败。一些老教师回忆起这些往事无不感慨，临时的芦席篷房冬冷夏热，居住在里面十分不舒服，教职工的孩子们经常发烧感冒，遇到阴雨天顶棚就开始漏水，用脸盆接都来不及。在简陋的生活条件下，教师及其家属不得不"艰苦度日"，有些教师三代人挤在一个房间中"过渡"，生活起居十分不方便；而大多数教职工居住在临时搭建的生活用房中，其艰苦程度更是一言难尽，还有一些老师甚至没有地方居住。刘大钧的家原本就在南京，与其他老师相比，他的居住生活

---

① 程遹年（1936—），安徽怀宁人，曾任南京农学院（南京农业大学）副院长（副校长），教授，博士生导师，长期从事"农业昆虫学"和"害虫综合治理"等领域的教学科研。研究成果"我国褐飞虱迁飞规律的阐明及其在预测预报中的应用"获农业部1981年农业技术改进奖一等奖和1985年国家科技进步奖一等奖。1988年获"国家级有突出贡献中青年专家"荣誉称号，1991年享受政府特殊津贴。

② "老科学家学术成长资料采集工程"采集资料，程遹年访谈，2013年5月22日，南京，资料存于采集工程数据库。

条件要稍好一些[①]。

南京农学院搬迁到扬州后，许多实验设备遗失或损毁，图书资料损失十分严重。无论生活条件多艰苦、教学环境多糟糕，学校的教学秩序和生活秩序还要保证正常运行，师生们需要教室上课、需要食堂吃饭、也需要宿舍睡觉，这些后勤保障工作一刻也不能耽误。为了解决燃眉之急，学院组织专人多方面斡旋，协商教学用房归还事宜，江苏省委党校率先归还了占用的食堂和宿舍，这才稍微缓解了一下住房的压力，但当时师生共有1 300多人，已归还的校园面积仍然是杯水车薪，没能从根本上解决问题。1981年9月，经过双方多次协商，南京市农场管理处归还了卫岗牧场，学院将其变为实习牧场；1982年，学院从江浦县收回江浦实习农场，但原有的土地面积却减少了近一半；1983年，"714厂"卫星地面站和地质勘探所两家单位陆续归还了所占用的教2楼主体部分；1986年，江苏省地震局按照协议让出部分土地和办公用房，学校原有的各类用房逐渐被收回来。

南京农学院的恢复和发展需要大量的人才支撑，学院领导召集"文革"期间流失在全国各地的教师们回校服务，为了留住和用好这些宝贵的人才，凡是条件较好的房子都留给他们使用。其他从扬州搬迁回来的教师共有300多户，一般都集中居住在学生宿舍，每家分配一个房间，许多都是三代同堂。越是艰苦的条件，越能激发师生们的奋斗精神，南农全体师生仍旧精神饱满，忘我地投入到教学和科研工作中，而刘大钧正是这些奋斗者中的一员[②]。

---

① 编委会：《南京农业大学发展史·历史卷》。北京：中国农业出版社，2012年，第336页。

② "老科学家学术成长资料采集工程"采集资料，程遐年访谈，2013年5月22日，南京，资料存于采集工程数据库。

谋篇布局新南农

　　"伟大的事业是根源于坚韧不断的工作，以全副精神去从事，不避艰苦"（罗素语）。南京农学院的复校兆示着学院踏上新征程，此时此刻急需一位有能力、有担当、敢作为的院长担任领头雁。1983年12月，在学院的推荐和上级组织严格考核下，刘大钧被任命为南京农学院院长。这使得刘大钧多年奋斗积累下的卓越领导才能和勇于进取精神有了可以充分发挥的平台。1984年，南京农学院更名为南京农业大学，刘大钧成为南京农业大学的首任校长，率领全校师生锐意进取、勇往直前，开创了新时期南农事业发展的新篇章。

1984年校庆时刘大钧（第二排右三）与金陵大学校友在南农主楼前合影

担任南京农业大学校长后，刘大钧所考虑的问题都是事关学校发展的全局性问题。他率领班子成员进行了三个方面的重点突破，为学校的长期发展奠定了坚实的基础，做出了关键性贡献。

一是，着手对南农校园进行重新规划。刘大钧与其他校领导高瞻远瞩，提出并委托清华大学建筑系对卫岗校区、浦镇农业工程学院校区进行科学规划论证，期间又征收了牌楼、西土街土地224亩，扩大了校园面积。新规划的设计图经过农业部审批、南京市规划局批准实施，对新校园的基本建设工程项目发挥了关键指导作用，使校园功能分区、建筑密度和绿化工程更加科学合理，并逐步根据规划付诸实施。

为了彻底改善全校师生的学习环境和生活条件，1984—1985年，学校分批拆除了芦席篷房和简易房9 000平方米，新建了一批教师住房和教学办公用房。刘大钧在任职校长的8年间，主持完成基建用房8.7万平方米，是南农前30年建筑总面积的1.28倍，使卫岗校区房屋总面积达到15.3万平方米，是"文化大革命"前的2倍多，大大缓解了学校的教学、科研、生产以及生活用房需求[①]。在新建教学和生活用房的同时，学校还前瞻性地投资1 000多万元完成中心配电房（设计容量2 840千伏安）改造，修建蓄水池3座、水塔3座、机井1口（日产水1 080吨），满足了学校师生的生活用水和教学实验用水。修建了总长4 000米的水泥路，使校园主干道焕然一新。1990年春季，学校出资建成了700户管道煤气，完成了卫岗校区主要道路网和电力线路改造。

作为造诣极深的遗传育种学家，刘大钧高度关注实验室和图书馆建设。实验室是高校人才培养和科技创新的主阵地，实验室管理和建设水平也是高校教学科研水平的标志，是衡量高校办学水平的重要指标之一。截至1988年年底，南京农业大学共有实验室138

① 编委会：《南京农业大学发展史·历史卷》，北京：中国农业出版社，2012年10月，第359页。

个，其中新建实验室近100个。图书馆则肩负着服务教学科研的重任，基本职能就是教育职能和情报职能，当然全面提升大学生素质也是图书馆的重要职责之一。1983年，南京农业大学图书馆一期工程建设竣工，从1986年开始，图书馆实现了微型计算机馆藏图书检索，这在全国高校中也是比较领先的；1989年，在图书价格持续上涨的情况下，学校持续追加图书经费，并大批量购进了外文图书；1991年，南农馆藏图书量已增加到69.4万册，其中外文图书增加到18.4万册。

从1984年开始，为了满足农学专业学生下大田实习和畜牧兽医类学生实习的需要，学校逐步建立了农业试验站、良种繁育站、畜牧试验站、机务站和一个小型鸡场，这些单位既是教学科研实践基地，又是创造经济效益的实体。农业试验站配备综合科研楼、优质棉人员培训楼、小麦研究简易温室、挂藏室、考种室、网室等基础设施，不仅承担了本校学生的劳动实习，而且承接国家科研攻关课题研究，还接待了荷兰、英国等国际科研机构的参观访问。畜牧试验站配合畜牧系进行瘦肉型猪良种繁育和生产配套技术研究。1985年，江浦实习农场的总产值是1982年的3倍多。1988年，卫岗农场筹建了农艺试验站和园艺试验站，为教学实习和农艺、园艺实验活动创造了基本条件。1989年，南京奶牛原种场建成，列为国家级种畜场，引进加拿大黑白花奶牛，经过近一年的饲养，成功地"安家落户"；原种场建成的挤乳厅投入生产，为教学实习增加了新场所[1]。

二是，强化师资队伍和教材建设。在师资队伍建设方面，刘大钧根据国家政策导向，在坚持国内培养为主的同时，充分利用国家提供的留学资源，分批次、有计划选派优秀教师前往国外知名院校或科研院所进修。时任南农外事办主任的汤一卒教授回忆：

---

[1] 编委会：《南京农业大学发展史·历史卷》，北京：中国农业出版社，2012年10月，第384页。

那个时期，刘大钧校长大力支持教师前往国外进修，这种方法的确是大大提升了学校的师资质量，但同时也产生了一个问题，那就是很多人出去后不再回学校工作，师资力量出现捉襟见肘局面，甚至部分专业到了没有老师上课、课题无人做的地步。刘大钧校长并没有责怪这些老师，也完全理解这些老师的心情和难处。痛定思痛，稳定师资队伍成为刘大钧校长每天思考的问题，他和其他校领导商议决定，对部分优秀青年骨干教师进行一定的倾斜培养，采用破格提拔制度来稳定师资队伍，促使大批优秀青年教师脱颖而出，迅速走上重要的工作岗位，并成为南农的教学科研骨干。[1]

1988年，农业部提出高等农业院校在"七五""八五"期间要搞好本科教材建设，并在全国组织教材编写招投标。刘大钧非常重视教材建设，紧紧抓住这个机会，鼓励南农专业教师编写相关教材，指示教材科定期对学校自编教材进行评比奖励。当年，张孝羲主编的《昆虫生态与预测预报》荣获全国高校优秀教材奖，此外还有8种教材也获得国家教育委员会或农业部的优秀奖。第二年，刘大钧又组织一批学术水平高、教学经验丰富的骨干教师，参与农业部"七五""八五"高校农科本科教材建设规划投标，在全体参编人员的共同努力下，"七五"教材中标22种、"八五"教材中标33种，参加编写的教师达到150多人，有效促进了学校的教材建设和本科教学质量提升[2]。

三是，兴办研究机构。1983年，南农恢复了中国农业遗产研究室，又陆续建立起20个科研机构，配备专兼职科研人员，其中包括2个研究所，即农业经济研究所和大豆研究所；18个研究室

---

[1] "老科学家学术成长资料采集工程"采集资料，汤一卒访谈，2013年9月13日，南京，资料存于采集工程数据库。

[2] 编委会：《南京农业大学发展史·历史卷》，北京：中国农业出版社，2012年10月，第366页。

包括农业微生物、植物病原生物、小麦品种、杂草、家畜生理、家畜繁殖、家畜传染病、农田生态、植物营养学、农村能源、农业工程、农业昆虫、土地资源开发、细胞遗传、蔬菜、单克隆抗体、农业环境科学、农业教育等。这些科研机构与国内外专业研究机构密切联系，负责人都是学术界声誉极高的教授，例如：1985年，在大豆遗传育种研究室的基础上成立了大豆研究所，由著名大豆遗传育种专家马育华[①]和盖钧镒[②]教授主持，科研人员和校内外专家密切合作，取得了大量的新成果。刘大钧校长一直关心大豆研究所发展，经常鼓励研究人员要走出国门，与世界水平接轨，在他任职期间，大豆研究所很多科研人员都有国外考察或者进修的经历，快速提升了大豆研究所的整体科研实力。

1986年12月，南京农业大学农业经济研究所建立，由著名经济学家刘崧生[③]担任所长，下设农业经济理论与政策、农业技术经

① 马育华（1912—1996年），广东海丰人，大豆遗传育种学家、农业教育家。1935年毕业于金陵大学农学院农艺系，1950年获美国伊利诺大学研究院哲学博士学位。曾历任金陵大学讲师、副教授，北京大学农学院副教授、农艺系主任，南京农学院教授、农学系主任，南京农业大学教授、大豆研究所所长；中国遗传学会第一届理事，江苏省作物学会第二届理事长，国务院学位委员会第一、二届农学评议组成员。选育出一批丰产稳产的大豆新品种，在长江中下游地区种植；其创建的南京农业大学大豆研究所成为我国南方大豆研究中心，培养出一代又一代农学家，为我国高等农业教育和大豆科学发展做出重要贡献。

② 盖钧镒（1936—），江苏无锡人，1957年南京农学院毕业留校任教，历任研究院副院长、副校长、校长等职务。现为农业农村部国家大豆中心首席教授、博士生导师，兼任江苏省遗传学会理事长、中国作物学会常务理事、全国大豆专业委员会副理事长，《中国科学》《科学通报》《作物学报》等期刊编委、国务院学位委员会学科评议组第四届召集人。1984年获国家级有突出贡献的中青年专家称号，1998年获中华农业科教基金科研奖，2001年当选中国工程院院士。

③ 刘崧生（1920—1994年），江苏无锡人，农业经济学家、教育家，南京农业大学教授，中国社会主义农业经济科学的开拓者和奠基人之一。曾任中国农业经济学会副理事长、江苏省农业经济学会理事长、江苏省哲学社会科学联合会副主席、国务院学位评委会农经组组长、国务院农村发展中心评议员、南京农业大学农业经济研究所所长。

济、农产品运销、农业资源经济、乡镇企业、外国农业经济、台湾农业经济等7个研究室，形成以刘崧生、原葆民[①]、顾焕章[②]等教授为学术带头人、梯队结构合理、研究方向互补的40多人研究队伍。农业经济研究所创建以来，承担了国务院农村发展研究中心、农业部和江苏省科委下达的各类研究课题。"七五""八五"期间，南京农业大学农业经济类科研课题基本上都是由这些研究室主持完成的。

1987年3月，农业部批准南京农业大学成立研究院，这是统筹全校高层次人才培养和科学研究工作的开端。刘大钧兼任研究院院长，鲍世问[③]任研究院副院长，研究院也是南农研究生院的前身。在刘大钧校长的密切关心和大力支持下，学校的高层次人才培养工作取得重大进展，研究生培养数量和师资规模都逐渐壮大起来。

---

① 原葆民（1925—2018年），河南温县人，南京农业大学教授、博士生导师。1948年毕业于中央大学农业经济系，长期从事中国农业经济教学和科研工作。曾任中国农业企业经营管理学研究会理事长、中国农业经济学会理事、中国农村合作经济管理学会副理事长、全国高校农业企业经营管理学研究会理事长、江苏省政协委员。

② 顾焕章（1934—），江苏阜宁人，南京农业大学经济管理学院教授、博士生导师。兼任南京农业大学园区研究中心名誉主任、中国农学会农业园区分会副理事长、中国农业技术经济学会名誉理事长。1985年荣获农业部"优秀教师"，1988年荣获农业部"有突出贡献中青年专家"，1995年被评为"江苏省优秀学科带头人"，1988年荣获"中华农业科教奖"。

③ 鲍世问（1929—），浙江绍兴人，南京农业大学教授，曾任江苏省农学会常务理事，副秘书长。长期从事植物学、植物生态学研究。历任南京农学院（南京农业大学）教研组副主任、主任，研究生部（处）副主任、主任，研究院副院长，图书馆馆长。1992年获国务院政府特殊津贴。

未雨绸缪新专业

作为农业院校必须要有生产实践基地，实习基地建设项目受到刘大钧校长的高度重视，在他的支持下，配套建设也越来越完善，为农学专业师生理论联系实际教学创造了有利的条件。通过在实习基地的实际操作，专业教师可以把他们在生产实践中所获得的一手材料充实到教学中，使学生更加接近真实的生产环境，真正学习掌握书本中的理论知识；学生通过在教学实践基地的生产学习，既能对所学理论知识进行验证，又能拓宽个人视野，"学以致用，用以促学"，从而激发他们的学习兴趣，培养学农、务农、爱农的专业情操，提高分析问题解决问题的能力；同时，学生的专业实践能力得到进一步锻炼，培养了艰苦奋斗的作风和严谨的专业态度。

这期间，学校还在以下几个方面作出努力：

一是扩大招生规模。1979年，南京农学院复校时，在校学生仅815人。1983年，学校制定了《1984—1990年教育事业发展规划》，将在校学生总数规划为5 000人，其中研究生1 000人、本科生3 200人、大专生400人（含干部专修科学生）、农业干部培训及进修教师400人，招生规模是学校发展之本，如果缺乏生源则难以发展壮大。在刘大钧校长的高度重视与大力支持下，学校招生工作很快取得突破性进展。1984年，招收本科生480人，农经干部37人，代培专科生23人，研究生156人（其中博士生15名）；1990年，学校招收本科生、专科生总计865人，研究生358人（其中博士生52名），合计招生1 223人，超额完成了农牧渔业部批复的招生规模①。

二是创办新专业。1984年以前，学校只有农学、植保、园艺、畜牧兽医、农业经济5个系，共计9个专业，其中种植类专业6个、养殖类2个、经济类1个，农畜产品加工和其他一些新学科以及新专业基本上都是空白，学校的这种专业结构已经不能适应新的人才培养需求。20世纪50年代，刘大钧曾在苏联留学多年，熟悉苏联农业大学专业设置情况，因此，他建议动态调整学校的专业结构设置。

在刘大钧担任校长期间，根据国内银行业快速发展的趋势，敏锐地判断出银行系统将对金融人才产生巨大的需求；那个时期，国内银行从原来的一家，相继成立中国工商银行、中国银行、中国建设银行、中国农业银行、交通银行等，各总行下设分行、支行和分理处。因此，在他的建议下，学校果断地将农经系中的农村金融方向分离出来，重新组建成一个专业。新专业的毕业生受到各大银行的欢迎，很好地满足了社会对专业人才的需求。

南农的土地管理专业也是这个时期发展起来的，这是国内高校设立的首个土地管理专业。在"文化大革命"之前，学校曾选派4名老师前往苏联系统学习过土地管理专业，该专业创办起来后，这几位老师就成为重要的教学骨干。不久，土地管理专业与国土资源部开展直接合作，为其招收研究生和委培生。20世纪80—90年代，国内的土地管理业务快速发展，土地管理专业人才需求量激增，但国内却没有几所高校具备培养这方面人才的条件。南农之所以走在其他高校前面，很多重要的决策得益于刘大钧和其他校领导的远见卓识。随着国内人才需求形势的发展，刘大钧又与其他校领导研究决定，把几个学科整合起来，成立土地管理学院。

在刘大钧担任南农校长期间，类似的专业设置还有很多，他在

① 编委会：《南京农业大学发展史·历史卷》，北京：中国农业出版社，2012年10月，第361页。

这方面的管理决策都不是盲目的，而是经过认真走访、调研以及反复讨论才确定下来的，在主持工作的8年期间，学校各个学科的建设发展是最迅速的[①]。同时，他还密切关注国外农业院校产学研相结合教学模式的长处，经过多次调研提交了自己成熟的意见。校领导班子经过充分的沟通与协商，决定按照种植、养殖、工程、经济管理四大类别的主体学科进行专业调整，构建相互渗透、协调发展和吐故纳新的新学科结构。通过人才需求预测和新专业可行性论证，最终学校决定新增设9个专业，即园艺系的观赏园艺、农业经济系的农村金融、畜牧系的动物营养与饲料加工和农业图书情报系的农业信息4个本科专业，面向全国招生；5个专科专业，即食品科学系的食品加工、兽医系的生物制品、园艺系的中药材生产、畜牧系的淡水养殖、农业工程学院的农畜产品加工工程专业，面向江苏省内招生，其中淡水养殖专业与农业部太湖淡水渔业研究中心联合办学，在南京、无锡、淮阴等城市实行定向招生分配。

20世纪80年代末，刘大钧校长积极主张各个学科进行专业相互渗透，针对如何主动适应农业生产中"种、养、加、产、供、销、储、运、建"等环节的问题进行探索，使南京农业大学的农业学科结构更加合理、更加充实，开始积极向产学研相结合的形式靠拢，持续开拓学校专业发展新局面。20世纪80至90年代，正是中国经济飞速发展阶段，各行各业人才需求量大，但专业对口的毕业生却没有那么多。南京农业大学是农业部重点直属院校，很多毕业生分配到中央部委或者各省直机关。

那个时期，农业部的很多领导是"金大"（金陵大学）或"中大"（中央大学）毕业生，刘大钧通过他们与农业部建立了比较紧密的联系，如农业部外事司一位司长在工作实践中，发现非农业方面的"翻译"在外事接待中普遍缺乏农业专业知识。他特别希望南

---

① "老科学家学术成长资料采集工程"采集资料，程遐年访谈，2013年5月22日，南京，资料存于采集工程数据库。

农开办一个外事班，这个"班"不属于任何专业，就是从各个专业选拔出一批外语基础好的学生，单独进行专业培养，毕业后全部分配到农业部的各个司局，包括世界银行项目办、外事司等部门。这个班创办成功后，反响非常好，现在农业部外事司的很多领导都是那时南农外事班培训过的。据一些老教授回忆，当年南农培养的外事人才，都是非常优秀的，事业发展进步很快。

时任副校长的程遐年教授在回忆这段往事时，高度评价刘大钧校长的前瞻性决策："刘校长在学科建设方面做得比较到位，学校现有的学科发展基本都是那个阶段奠定的基础，从20世纪80年代的5个系（相当于学院）发展到现在的20多个学院。南农在那个时候的专业发展相当适应国家对人才的需求，银行系统发展的时候金融专业办起来了，外事人才需要的时候培养了大批的外事人才。刘大钧校长接受过国际上先进的科学管理教育，熟知中外教育体制的差别，善于借他山之石，弥补自己的不足。所以在管理决策的国际接轨工作上，总比其他高校快一拍，对于这一点我是非常佩服的！"①

拓展师生新视野

1977年8月，邓小平在主持全国科学和教育座谈会时指出："接受华裔学者回国是我们发展科学技术的一项具体措施，派人出国留学也是一项具体措施。"1978年6月，邓小平在听取教育部工作汇报时明确表态："我赞成留学生的数量增大，主要搞自然科

① "老科学家学术成长资料采集工程"采集资料，程遐年访谈，2013年5月22日，南京，资料存于采集工程数据库。

学……这是五年内快见成效，提高我国水平的重要方法之一。要成千成万地派，不是只派十个八个……教育部研究一下，花多少钱，值得……今年三四千，明年万把人……要千方百计加快步伐，路子要越走越宽。"

1984—1993年，刘大钧根据国家发展形势，在积极"引进来"的同时，积极鼓励和支持学校的老师和同学们走出国门，学习国外的先进科学技术，前往国外进修和攻读研究生学位的师生分赴美国、英国、日本、联邦德国、瑞士、澳大利亚、丹麦、意大利等多个国家。

20世纪80年代中期，学校发展遇到一个很好的机会，即国家支持各高校向世界银行贷款发展。1985—1986年，学校接受世界银行两期的农业教育科研项目贷款，第一期总额为430万美元，国家配套资金总额645万元人民币，第二期总额为122.9万美元，国家按1：2比例配套资金。刘大钧很重视这笔资金的使用，专门成立了世界银行贷款办公室，选派两名老师负责该项目。根据汤一卒教授回忆："当时我们学校重点实验室的设备，很多都是利用世界银行贷款购买的，有德国的、日本的，这批设备在国际上也是一流的，很多外国来访专家看了都很惊讶。当时最大的一台计算机差不多有一间房子那么大，学校设有专门计算机房，在当时是很高级的，这些设备都是利用世界银行贷款购买的。"[1]

学校利用两笔世界银行贷款，优先采购实验室设备、资助师生前往国外研修。在实验设备采购方面，截至1985年年末，共计采购85个品目、783台件；第一期设备采购费用占总费用的60%，大幅度改善了植物生理、农业微生物、家畜生理、生物化学、细胞遗传、电镜技术等6个实验室的设备水平，建立了化学测试、电子显微镜、电子计算机3个中心。1983—1986年，学校按照国家选派出

---

① "老科学家学术成长资料采集工程"采集资料，汤一卒访谈，2013年9月13日，南京，资料存于采集工程数据库。

国人员的标准，遴选派出攻读博士学位10人、攻读硕士学位21人、进修生8人、短期进修2人。除此之外，学校还组织了13人次的专业考察和管理考察，分赴美国、英国、日本等国家，全部圆满完成各自的考察任务[1]。

20世纪80年代，类似南农这种大规模的出国考察活动，在国内高校中是极为少见的，派出人员既可以学习到世界先进的科技知识，也可以把国外先进的实验设备、试剂、试验材料带回国内。据一位老教授回忆，当时有个好处，像他们（编者注——指刘大钧）这个年龄层次的教师，凡是出国进修的基本上都按时回来了。有一位老师为南京农学院带回来第一台电脑，那时国内电脑很少见，在国际上也不多见，但他把在国外使用的这台电脑带回来，直接提升了学校的科研条件。蔡宝祥[2]教授从国外带回来CU系禽霍乱疫苗和单克隆（N-79型）新型疫苗，继续进行研究和推广，使其能够在省内批量生产，对防治禽传染病起到了良好效果。李式军[3]教授在日本进行小白菜、黄瓜、番茄等蔬菜无土栽培试验，利用营养膜无土栽培技术，为国内高级宾馆提供无公害有机生食蔬菜作出贡献。1989年，在加拿大留学的钟甫宁[4]完成博士学位后回国，为研究生开出多门新课，填补了多项课程空白。此外，还有很多教师从国外带回来高水平研究课题，并获得经费和设备资助。

刘大钧还经常鼓励专业教师积极参加国际学术活动，1986年学

---

① 编委会：《南京农业大学发展史·历史卷》，北京：中国农业出版社，2012年10月，第404页。

② 蔡宝祥（1926—2021年），浙江杭州人，教授，博士生导师。1947年毕业于重庆中央大学农学院畜牧兽医系，留校任教，中国家畜传染病学家，历任南京农学院（南京农业大学）畜牧兽医系教学秘书、教研组主任、畜禽传染病学研究室主任、校学术委员会、学位委员会委员。

③ 李式军(1934—)，浙江临海人，1958年毕业于浙江农学院园艺系，南京农业大学园艺系教授、博士生导师。

④ 钟甫宁（1951—），广东梅州人，1989年毕业于加拿大曼尼托巴大学，南京农业大学经济管理学院教授、博士生导师，享受国务院政府特殊津贴。

校选派出国8人，1988年学校选派出国16人，包括遗传、植物生理、农业生态、家畜家禽、土地利用、微生物、果树、蔬菜等学科，参加国际学术会议不仅使这些专业教师开阔了学术视野，借鉴了国际先进经验，而且提升了学校的国际学术声望，拓展了学校的国际交流渠道。截至1991年，南农共计选派硕士生、博士生、进修人员47名，留学人员回校服务人数占全校教学科研队伍的16%，大部分回国人员都成为学校教学科研骨干力量，主持完成多项国家级、省部级科研项目，获得良好的评价，其中还有部分优秀老师担任了各级领导职务。

国际合作绽新篇

20世纪70年代，蓬勃兴起的新科技革命推动着世界经济快速发展，而中国的政治运动"文化大革命"则使我国的科技实力和经济实力与国际先进水平拉开明显差距；到了80年代，国内作物遗传育种工作者的普遍认知是"那个时期，中国的科技水平与美国50年代后期差不多"；后来，刘大钧的博士生房经贵在美国进修时，给导师写信汇报："我翻阅了美国图书馆的书籍后才知道，美国20世纪80年代出版的教材，我在2004年还没有学习过，这就是中国植物生物学发展现状，还有一些比较前沿的科研项目，美国在做，我们也在做，但水平实在相差太远。"[1]

1980年，刘大钧在担任南京农学院农学系主任时，开始与国外院校和科研院所主动取得联系，例如：与美国康奈尔大学农业与生命

---

[1] "老科学家学术成长资料采集工程"采集资料，房经贵访谈，2013年5月24日，南京，资料存于采集工程数据库。

科学学院建立院系合作关系。截至1988年，南京农业大学先后有11名学生获得该学院的博士学位或硕士学位，还有11名在职教师前往进修访学，该学院为南农师生累计提供奖学金或访学资助19万美元。

1983年，刘大钧敏锐地意识到"把国外优秀人才引进来、让学校老师走出去"的必要性，开始有计划地组织各学院与国外知名院校或科研院所建立校际、系际关系。时任副校长的程遐年教授这样评价："在很多人眼中，刘大钧是一位重视对外开放的领导，对学校的外事工作做出重要的贡献，他在苏联留学过，也在美国做过高级访问学者；因此，他特别重视国外的先进科技，在担任校长期间，南京农业大学外事工作是历史上最好的，开创了学校外事工作新局面。"[1]

虽然刘大钧大力推动南农与国外科研机构开展合作，但也出现了不同的声音，正如王耀南[2]所讲："刘先生特别注重国际交流，有一部分人曾经对他有意见，说他出国的次数比其他校长多，也是作为一种意见，认为工作作风是不是有一点偏了。但我个人认为并不是这样，大多数时候刘先生出国是由于国际学术会议邀请，在中国搞植物遗传研究的知名专家就那么几位代表人物，国外学术同行邀请了，你不去，以后还怎么合作？刘先生的国际交流成就也是相当显著的，细胞遗传实验室获得突飞猛进的发展，学人家的东西比较多。"[3]

严志明教授时任南农外事办公室主任，经常陪同刘大钧校长出访国外，他认为刘先生的开拓意识非常强，高度重视国际交流工

---

① "老科学家学术成长资料采集工程"采集资料，程遐年访谈，2013年5月22日，南京，资料存于采集工程数据库。

② 王耀南（1947—），江苏无锡人，1992—2006年担任南京农业大学副校长。1975年毕业于江苏农学院，留校任教；1979年在南京农学院任教，作物遗传育种研究员。享受国务院政府特殊津贴。

③ "老科学家学术成长资料采集工程"采集资料，王耀南访谈，2013年4月11日，南京。资料现存于采集工程数据库。

作，在他的建议下学校成立了外事科，外事工作从无到有，越做越好。南京农业大学与国外很多知名高校建立起校际合作关系，诸如：新西兰林肯大学、荷兰瓦赫宁根大学和美国多所州立大学，迅速推动了南京农业大学和中国遗传育种学者挺进国际学术领域，并由此产生了重要的影响力[①]。

刘大钧还积极支持国家老一辈领导人的援非政策，把我国科技发展成果分享给非洲的兄弟国家，积极组织援助非洲肯尼亚农业高等教育发展，与肯尼亚埃格顿大学等多所高校建立了长期的校际合作关系，并派出自己的科研团队骨干吴琴生教授到该校工作数年，为他们筹建较高水平的生物技术实验室，极大地促进了当地农业经济发展，以实际行动贯彻落实了中非部长级峰会合作精神。刘大钧的前瞻性决策已被时间所验证，两校的战略性合作硕果累累。目前，南京农业大学领衔的"中国—肯尼亚作物分子生物学一带一路联合实验室"获首批认定，王秀娥教授牵头承担的国家重点研发计划国际合作重点专项获批，这是刘大钧后时代发展的可喜局面之一，充分体现出刘大钧为高等农业教育、国际合作交流所奠定办学理念的长期影响。

1984年7月，新西兰林肯大学农学院前院长兼新西兰—中国咨询公司董事斯特瓦特（译音）教授来访，就南京农业大学与林肯大学农学院相互交换留学生事宜进行商讨。据严志明[②]教授回忆，他曾陪同刘先生去过一次新西兰，两校针对合作事宜商谈得非常融洽，很快就建立起长期的学术合作关系。这个事半功倍的合作项目要归功于刘大钧校长。刘大钧虽然是农学专业出身，但他知识渊博，在文学、艺术、音乐方面无所不通，水平也非常高；对于新

---

① "老科学家学术成长资料采集工程"采集资料，严志明访谈，2013年5月31日，南京，资料存于采集工程数据库。

② 严志明：南京农业大学外事办、校办原主任，因外事工作业绩突出，曾受到农业部表彰。

西兰的历史文化理解很到位，尤其是英语很棒，在出访新西兰期间，直接用英语与国外专家交谈，人家聊什么话题他就聊什么话题，在他身边的工作人员都受益匪浅。刘大钧校长的专业水平和健谈风格给新西兰专家留下了极为深刻的印象，直接推动了两校合作协议签署。新西兰的斯特瓦特教授来校访问时，刘大钧校长又亲自接待座谈，两人毫无语言障碍地沟通，根本不需要翻译，他甚至帮助外事办同志翻译专业词语，使得在场工作人员和专家们赞叹不已！

1985年4月，刘大钧率团访问荷兰瓦赫宁根大学，双方签订了《未来合作方向的协定》，约定两所大学相互邀请5名资深教授进行为期1个月讲学，互换学生和教师进行为期半年学习，交换出版物，开展合作研究项目。第二年，瓦赫宁根大学代表团回访，双方签署了长期合作计划，35年来两所高等学校交往频繁。2013年4月，时任南京农业大学校长周光宏[①]教授率团访问瓦赫宁根大学，期间与瓦赫宁根大学续签了校际合作备忘录，校长Aalt-Dijkhuizen教授说："南京农业大学是瓦赫宁根大学在中国最重要的合作伙伴之一，20世纪80年代以来，双方在合作研究、学生培养等领域，开展了一系列成功合作，我希望双方继续深化校际交流，拓展合作领域。"[②]

1985年，在刘大钧校长的大力支持下，南京农业大学植物保护系植物病原生物研究室与美国新泽西州罗格斯大学陈泽安教授，签

---

① 周光宏（1960—），江苏扬州人，曾任南京农业大学校长，教授、博士生导师。兼任中国农学会副会长、全球农业与生命科学高等教育协会联盟（GCHERA）副主席、中国畜产品加工研究会名誉会长，国家肉品质量安全控制工程技术研究中心主任、首席科学家。长期从事食品科学教学与研究，在肉品加工与质量控制方面取得显著成绩。主编《畜产品加工学》《肉品学》《肉品加工学》等专著和教材，发表学术论文200余篇（SCI收录100多篇）。国家"百千万人才工程"第一层次人选、农业部有突出贡献的中青年专家。

② 国际合作与交流处：周光宏校长率团到荷兰瓦赫宁根大学等高校访问。南京（农业大学校园网，2013年5月9日，）http://news.njau.edu.cn/2013/0509/c20a40780/page.htm.

订了植物菌原体类病害合作研究协议；昆虫研究室与英国洛桑试验站签订了合作科学研究协议书；兽医系家畜生理研究室与联邦德国农科研究中心畜牧及行为研究所内分泌及神经内分泌研究室，签订了合作研究意向书，与加拿大农业研究局、英国剑桥研究站签订了协作研究《中国水牛瘤胃微生物消化特点意向书》；美国海外自然资源开发研究所多次与南京农业大学植物保护系农业昆虫教研组合作研究我国水稻迁飞性害虫稻飞虱和稻纵卷叶螟迁飞的雷达观察与资料分析；这些国际学术合作为南农带来了科学研究的新局面。

1985年，在刘大钧校长多方协调下，农业经济系张文年老师赴苏联进修农业经济；1988年，农业经济系王万茂老师赴苏联莫斯科季米里亚捷夫农学院访学。同年，季米里亚捷夫农学院副院长 A. B. Boshataev 和党委书记 B. M. Haransky 应邀来访。第二年，刘大钧校长率团回访，双方共同拟定了校际合作计划，确定了科研人员学术交流和学术刊物互换等多项具体合作内容，季米里亚捷夫农学院也是刘大钧攻读副博士学位的母校，这次高效的工作回访为两校长期友好合作奠定了坚实的基础。

在担任校长期间，刘大钧通过广泛的学术人脉，多次邀请外籍专家来南农讲学。英国教师 David Griffith 先生和 Anne P. Roda 女士、美国教师 Bradley 和 Brand Lin 等人先后受聘担任英语培训班教员，开展为期一年的英语教学工作。在他的大力支持下，南京农业大学举办了为期一年的农业外事干部培训班，美籍教员（原联合国粮农组织高级官员）Philip R. Tomforde 及其夫人 Winirred H. Tomforde 和 Isabell 女士担任英语教员。澳大利亚专家 G. M. Bhatt 博士受邀举办小麦育种讲习班，美国专家 L. Schmidt 博士举办生物固氮讲习班，美国专家 Ida Yu 举办分子生物及微生物工程讲习班，日本专家远藤隆、河村、伊东正分别举办小麦细胞遗传、分子生物学以及蔬菜光合生理讲习班，英国专家 A. Curnow 博士举办田间试验和统计分析讲习班，联邦德国专家F. Ellendooff举办家畜内分泌学讲习班。

仅在1986年，应邀来南农讲学和开展合作研究的外国专家就有13批次16人，与国际同行的深入接触和广泛交流直接缩短了部分专业的国际差距。例如：加拿大籍华裔学者戴博士举办统计遗传应用于作物育种研讨班，为学校的师生们介绍了应用多元分析法进行品种稳定性测定的理论方法，为农学系品种稳定性测定提供了新的研究思路；畜牧系邀请了日本京都大学佐木义博士，来校举办现代家畜育种讲习班，并带来了两套大型计算机应用程序，提高了南农家畜育种统计水平；土壤农化系邀请美籍华裔学者举办土壤化学讲习班，重点介绍了美国土壤化学的最新研究方法，并赠送了最新的教学图书和参考资料[①]。

1988年，美国新泽西州大学陈泽安教授与南京农业大学陈永萱教授合作，针对植物螺原体菌开展专题研究，开创了我国对此类重要微生物研究的新领域，鉴定了国际上尚未记载过的新种类，填补了国内研究领域空白。陆家云教授与新西兰森林研究所周启昆博士合作，针对"板栗疫病低毒力"和"真菌低毒力"进行专项研究，并取得了重要的创新性研究成果。由于学校领导和外事工作人员尊重外籍教师的文化信仰，保障他们的基本生活需求，越来越多的外籍专家自愿申请到南农从事教学科研活动。新的外事局面也使越来越多的专业老师开始明白刘大钧校长的"良苦用心"，邀请外国专家来校开办讲习班，对学校的科研水平和实验技能提升大有裨益。

刘大钧重视和推动国际合作曾被不少人质疑，因为在很长一段时间，由于工作需要，他经常出国开展交流互访；而此时正处于改革开放初期，很多人思想比较保守，他们认为校长总往国外跑就是"不务正业"。甚至还有一些人说："刘校长出国比我们去新街口（南京市的商业中心）还多。"听到这样的抱怨，刘大钧并没有生气

① 编委会：《南京农业大学发展史·历史卷》，北京：中国农业出版社，2012年10月，第400页。

或责怪他们，也没有因此停下追赶世界先进科学水平的脚步，依然坚持为学校与世界接轨做着不懈的努力。

刘大钧校长的夫人在回忆这些往事时，无奈而又辛酸地说："他每次出国都很匆忙，有时上午来个通知，说明天出国开会，然后回家简单地收拾一下衣服，匆匆忙忙就走了。家里什么事情都不管。没办法，学校的事情高于一切！后来家里人索性为他准备了一个行李箱，里面始终装着出差要用到的东西，只要出差，拎着就走，也不用刻意收拾。飞机票都是学校外事办公室准备的，这个倒是不用操心，有可能流言蜚语就是从这来的。刘校长每次出差回来，都是非常疲惫的，舟车劳顿还是很辛苦的。有时候出差回来没有休息就直接去办公室继续工作，确实忙得不得了。那段时期家里的事根本管不上，一心埋头工作。没办法啊，谁让你是校长，硬着头皮也得上！"[①]

事业开拓者总是面临诸多质疑，"出国风波"尚未完全平息，却又引来一波质疑。在刘大钧校长领导下，南农外事工作越做越好，每年都有很多国外专家、知名学者到校讲学或参观访问。校园内原有一批小平房，之前是部分老教授居住的，后来学校根据工作需要就让老教授们让出来，作为专门接待外宾使用，其实这些房子接待外宾是不够条件的。据知情老师回忆，这些平房里有很多蚊子和白蚁，到了晚上根本睡不着觉。后来就把外宾安排到南京饭店或金陵饭店，但费用却增加很多，刘大钧认为这不是长久之计，与外事办同志多次商议，向农业部申请并获批50万元经费，用于设计建造南农外事接待中心。

在建造外事接待中心的过程中，从选址开始到设计装潢，刘大钧都亲自参与，他根据自己对苏联和美国建筑风格以及人们生活习俗的了解，提出要高瞻远瞩、开阔视野，要求设计风格能跟上世界

[①] "老科学家学术成长资料采集工程"采集资料，陆家云访谈，2013年4月3日，南京，资料存于采集工程数据库。

潮流。在修建过程中还遇到了一件麻烦事儿，江苏省安全厅和南京市公安局来现场审查，发现这个外事接待中心的东隔壁是石油勘探所，国家的很多石油勘探资料都保存在里面，公安局担心外籍教师盗取这些重要的资料，泄露国家机密，但学校与石油勘探所仅一墙之隔，那时大多数人的观念较为保守，学校沟通多次无果；最后不得不修改方案，将外事接待中心巧妙设计成"L"型，一边与石油勘探所平行，另一边朝相反方向延伸，造型还是很别致的，这件事得以圆满解决。

南农外事接待中心的配套设备比较齐全，有空调、电视机、热水器、地毯、沙发等，还专门聘请南京饭店一位厨师掌厨。校内个别人觉得刘大钧是在为自己修建"刘公馆"，以备退休后使用，"刘公馆"传闻在学校里闹得沸沸扬扬；但校外事办所有老师都能证明，刘大钧从未在里面住过一天，接待中心都是接待外宾或者其他重要客人。接待中心有一个相对封闭的会议室，后来学校有一些重要会议，诸如教师职称评审会议、干部考察会议就安排在里面。这个所谓的"刘公馆"对于学校外事工作意义重大，是学校发展史上浓墨重彩的一笔。刘大钧听到这些传闻后付之一笑，并没有任何怨言，他深知日久见人心，时间会证明一切。

在刘大钧担任校长期间，中外合作研究项目很多，尤其值得一提的是，程遐年教授与英国洛桑试验站的合作项目"褐飞虱等水稻重要害虫迁飞的雷达观测研究"。那时，程遐年教授被任命为南农副校长，他回忆说："1984年，我正在英国留学和工作，刘大钧校长和费旭书记给我写信，说现在南农是百废待兴，希望你能回来帮助学校渡过难关，我收到这封信后立刻就回来了。"[1]程遐年教授与刘大钧校长共同操持学校的各项事务，程教授不仅学术做得很好，从事行政管理工作也是勤勤恳恳。

① "老科学家学术成长资料采集工程"采集资料，程遐年访谈，2013年5月22日，南京，资料存于采集工程数据库。

刘大钧校长非常欣赏程遄年教授的才华和能力，而日常工作中却总感觉他有心事，似乎有什么难言之隐，又不肯说什么；后来得知程教授"奉命"回国效力之前，在英国有一个合作研究项目尚未完成。程遄年教授深知学校正处于比较困难的时期，各项工作都在恢复和重建中，有意辞职回到英国完成这个实验项目，经常话到嘴边又说不出来。刘大钧非常理解他的心情与感受，因为自己也是一名科研人员，尽管担任校长的行政职务，但从未停止和放松个人的科研工作。刘大钧很坦率地叮嘱程遄年教授，千万不能耽误个人的科研工作，尤其是与国外专家的合作项目，如果半途而废实在太可惜；并主动承担起程遄年副校长分管的工作职责，使他抽出时间前往英国完成其科研项目。程教授为此非常感动，不负刘大钧校长厚望，出色地完成了国外的科研项目；1988年，程遄年教授主持的科研项目被列入国家级中英农业科技合作计划。

此外，还有一个至今都有重要影响的中澳合作项目。1986年，南京农业大学与澳大利亚联邦科工组织协商，拟在中国南京建立一个农业教育情报中心。在刘大钧校长大力支持下，中澳双方经过努力洽谈和精心筹划，南京农业教育情报中心于1990年10月正式成立，澳大利亚政府提供了40万澳元的赞助，该机构的核心任务是搜集、加工、整理、传递国内外有关农业教育的情报资料。根据工作计划，从1991年1月开始，南京农业教育情报中心每年出版4期《中国农业教育情报》，面向中国的农业科研机构和农业教育主管部门提供最新信息和咨询服务。《中国农业教育情报》先后更名为《中国农业教育信息》和《中国农业教育》，目前已成为教育部主管、国内外公开发行的国家级综合性农业教育专业期刊。1993年，该刊物荣获"全国新时期十年教育情报优秀刊物"二等奖，被评为江苏省一级期刊，对提升南京农业大学在农业教育领域的影响力产生了重要的作用。

刘大钧（右一）拜访世界著名育种学家Norman Borlaug
（20世纪80年代）

1989年，南京农业大学外事工作取得卓尔不凡的成就，多批次外国专家和优秀学者到校交流访问。尤其值得一提的是，这个时期学校的工作经费相当紧张，但为了积极开展国际交流工作，推动学校发展再上一个新台阶，刘大钧校长带领全体教职员工克服了重重困难，先后接待了加拿大教师代表团、新西兰教育部部长、联合国粮农组织东南地区猪育种会议代表团、苏联季米里亚捷夫农学院代表团等共计60多个批次的外宾，再次刷新学校外事工作历史记录。1990—1993年，学校又先后接待了美国、英国、德国、朝鲜、日本等19个国家和地区的外宾，共计200批次600余人，其中来校开展学术交流的短期科技专家和长期语言专家占比90%以上。

1991年11月，由于年龄原因，刘大钧从校长岗位退下来，但在他的全力支持下，学校仍然很好地完成了农业部指定的外事接待任务，大幅度提升了南农的国际影响力和教学科研实力。南京农业大学农学院副院长王秀娥教授每次提及导师刘大钧的外事工作能力时，都充满了敬佩之情："我跟随刘先生出国考察过多次，他不仅英文讲得好，而且其他知识涉猎也非常多，知识面特别宽广，对古今中外各国的历史、地理、人文、艺术都有所了解。因此，他与国外的专家学者沟通交流时，不限于遗传育种专业领域的内容，其他话题都能深入交流。刘先生具有独特的人格魅力，在国际学术界的同行中，很多人至今都在怀念他。现在我们出国参加国际学术会议，国外同行还会提起他，并对刘先生赞赏不已。"[①]

刘大钧（左二）率团访问苏联莫斯科季米里亚捷夫农学院（1989年）

卓尔不群展风范

作为改革开放初期和学校各项工作转型时期的校长，刘大钧不仅行政管理工作完成得出色，而且在作物遗传育种领域成就非凡。在大多数人印象中，农业科学家都是与泥土打交道的，从事小麦和

① "老科学家学术成长资料采集工程"采集资料，王秀娥访谈，2013年5月22日，南京，资料存于采集工程数据库。

水稻育种的农业专家，每天撸起袖管裤管到大田里查看庄稼生长情况，就像农民一样面朝黄土背朝天，可能根本无暇顾及个人形象；但刘大钧校长却完全颠覆了这种认知，不仅十分注重个人形象，而且风范儒雅、气质不凡。

刘大钧（右二）接待来访的外国专家（20世纪80年代）

由于学校工作需要，刘大钧校长经常出国访问或接待外宾，他非常注重个人仪表和言行举止，经常说自己作为南农校长代表的是整个学校的形象。因此，在行政管理工作期间，他一直以西装革履示人，给人留下的印象是沉稳、庄重，在会见外宾和国外专家的场合中，始终表现得大方得体。王耀南一直是刘大钧工作的得力助手，曾担任过南京农业大学校长办公室主任和副校长，在回忆自己的老师时，他动情地说：

刘先生为人和蔼，有时候可以跟你随便聊聊。大家都说他红光满面的，很像柬埔寨西哈努克亲王，身材不高，但身体健壮，也很健谈。他有一个原则，不讲过分的话，或很俗气的话，讲话时总是举一些例子，其中有很多国外的见闻；在高级学者开会的时候，相互之间也会讲一些笑话，生活之间充满了比较放松的氛围，工作是工作，放松是放松。

刘先生的高水平是很全面的，大家都说他的外语水平一流，实际上他的语言文字表达也是很丰富的，写文章或稿件，使人一看上去就非常舒服，上档次。他撰写的一些材料都是国家层面的，比如说战略学术委员会，现在叫项目指南，也经常帮助国家职能机构起草一些项目规划或工作计划，作为特邀专家代表某个领域发表指导性意见。

作为刘先生的学生，真正跟随他工作是1979年开始的，那时我是他的助教，他的研究团队在起初阶段只有3个人，自己还要在江苏农科院兼做一些工作，借用那边的摊子和田间的一些设施。南京农学院复校后，他提出来配备一个助手，并指名要我，从那个时候开始，我逐渐与他熟悉起来，一直跟随他工作。刘先生待人非常真诚，从年龄上来说，他比我的亲哥哥大一岁，有着一种天然的亲近感。

刘先生平易近人，非常关心身边的工作人员，与他一起工作过的人都能感觉到这种温暖，但他对工作的要求比较高，说话时要求你必须认真地记住，一般情况下仅交代一次，交代得清清爽爽，并要求助手认真做好布置的工作。我们这些人在他面前都比较紧张，有时候要记录在笔记本上，还要完成好，过了一定时间，我们必须向他汇报。那个时候很奇怪，"文化大革命"以后大学中把身份高的、有学问的人都称作先生，因此，我们都不称他刘老师了，而是经常说"刘先生，您交代的事情我们已经做完了，一、二、三……"。

后来，他到美国作高级访问学者，将工作团队的相关工作委托给我，那个时候刘先生是总负责人，还有裴广铮老师，我负责田间和实验室工作。他交给我一些育种材料，就是那些从国内外引进来的种质资源，各种各样的材料约有2 700份，并交代我说："耀南，我要出国一段时间，这些材料不能丢，你一定要给我保管好。"我向他承诺："刘先生，您放心，我一定做好这个事情"。刘先生一年左右回来后，这批材料没有任何丢失，要什么有什么，若干年后他时常以我的工作案例教育自己的研究生。刘先生对工作的要求是认真的，对方也需要同样认真去做。①

时任外事办主任的严志明教授也从另外一个角度验证了这一看法："刘先生是学农的，但知识面特别宽阔，文学、艺术和音乐无所不通，而且造诣极深！在学校行政管理方面，刘大钧校长的口碑极好，首先值得称赞的是他的民主作风，学校领导班子经常讨论一些亟待解决的问题，他丝毫没有家长作风，非常尊重其他班子成员的意见，经常说'你们看这件事怎么弄好？'甚至可以为一件难以确定的事多次开会，对于这点很多人都很佩服，他的民主作风和谦逊品格，身边的人都能感受到，是一位受人敬重的好校长。"②

1984年，张守忠老师从学校毕业后，一直跟随刘大钧先生从事小麦遗传育种研究和小麦新品种推广工作，可谓感情至深。那个时候，刘先生已经担任学校的校长，很多年轻人报到时都想去刘先生的课题组，这种竞争还是非常激烈的，他亲自主持面试工作。孙守忠说："刘先生长期从事基础理论研究工作，在小麦新品种选育这方面的研究成果比较薄弱，面试的时候就提出来这个问题，我们不仅要在基础理论研究方面在国内和国际领域站稳脚跟，而且还要加强新品种选育工作。当时刘先生给我提出这样一个要求，也算是一个目标，这意味着自己以后要在很长一段时间从事小麦新品种选育工作。"③

刘大钧校长留给人们的第一印象是非常和蔼，但接触之后才知

---

① "老科学家学术成长资料采集工程"采集资料，王耀南访谈，2013年4月11日，南京。资料现存于采集工程数据库。

② "老科学家学术成长资料采集工程"采集资料，严志明访谈，2013年5月31日，南京，资料现存于采集工程数据库。

③ "老科学家学术成长资料采集工程"采集资料，张守忠访谈，2013年4月27日，南京。资料现存于采集工程数据库。

道，他对人的要求非常严格，南农所有老师对他的共同认识：做事情认真，对人要求也很认真，但生活中对人却很关心。他的工作思路和工作条理性非常强，放手让年轻人去做工作，具体怎么做他不干涉，但过段时间，就会"关心"你做得怎么样，布置的工作取得什么样的效果？如果没有达到他预想的结果，他就会找你，让你思考一下为什么没达到最初预期的结果，促使你从源头上修正工作，作为引路人，他非常注重引导年轻人。

刘大钧无论参加什么会议，都会认真地记录发言人的讲话，仔细斟酌这些意见或建议，提炼出大家都可以接受的方案。与他共事过的校领导也都提及，在学校事务管理讨论会上，每个人都可以各抒己见。程遐年回忆自己担任南农副校长时动情地说："我与刘大钧在一起工作7~8年，觉得很开心，不论是行政上的事务，还是学术上的商榷，我都可以去请教他。在编辑《大辞海》那年，我经常跑去与他商量，每次他都热情地给予指导，没有一点儿校长架子。他很尊重我们的意见，喜欢倾听不同的声音，鼓励大家多提意见。"[1]

在担任校长期间，刘大钧非常注重与其他领导搞好团结。根据国家政策规定，高校实行党委领导下的校长负责制。刘大钧以谦恭态度始终注重与时任校党委书记费旭保持良好的配合关系，两人相互尊重、配合默契。在学校党委常委会或党政联席会议上，每位班子成员都能表现出发自内心的互敬互重，对班子团结的全力维护。由于年龄原因，刘大钧从校长岗位上退下来，但仍经常叮嘱其他班子成员，要时刻注意保持班子的团结性与纪律的纯洁性，正确处理好上下级关系，特别要尊重党委的领导。

"君子以仁存心，以礼存心。仁者爱人，有礼者敬人。爱人

---

① "老科学家学术成长资料采集工程"采集资料，程遐年访谈，2013年5月22日，南京，资料存于采集工程数据库。

者人恒爱之，敬人者人恒敬之。"这是宋银富教授[1]对刘大钧校长人品的高度评价，他回忆了一件感人的事情："早年刘大钧校长写了一篇关于辐射育种的学术论文，他让我看一下并提点修改意见，而我当时是刚刚参加工作的毛头小伙子，他是刚从苏联留学回来的副博士，这足以表明刘大钧校长为人低调谦虚，非常尊重他人。"[2]

刘大钧虽为一校之长，但没有一丝一毫的"官派"作风，在日常生活中平易近人，与学校教职员工打成一片。他的夫人陆家云教授曾回忆，当时老师们都住在学校家属区，从家属区到学校办公区要在院子里走一大圈，他们二人一起去办公室时，在路上与他们打招呼的人很多，不得不走两步就停下来，很多人都要打招呼说上几句话，这些人中不分领导干部还是学校工友，甚至是食堂炊事员，刘大钧全部一视同仁，没有任何校长架子，并熟悉学校的每位员工。譬如：以前学校有一位陈姓老工友，是负责维修水电的，刘大钧与他聊天就像亲兄弟一样，两个人聊得很随意，经常一聊就是一二十分钟，刘大钧退休后那位老工友仍然经常去看望他。此外，学校还有一位姓王的木工，刘先生与他见面也能聊上很长时间。无人知道是在什么情况下校长与员工建立起这种亲密的关系，那个时候刘大钧的工作特别忙，他还能与学校工人聊天，很多人都佩服他[3]。

刘大钧校长平易近人的领导作风和实事求是的工作态度，赢得了全校教职工的高度赞誉。1986年，学校召开了首届教职工代表大会，他以校长身份做了工作报告，通过了《南京农业大学教职工代

---

① 宋银富（1935—），教授，南京农业大学党委组织部原部长、农学系党总支原书记。

② "老科学家学术成长资料采集工程"采集资料，宋银富访谈，2013年9月9日，南京，资料存于采集工程数据库。

③ "老科学家学术成长资料采集工程"采集资料，陆家云访谈，2013年4月3日，南京，资料存于采集工程数据库。

表大会暂行条例》《学校定编实施方案》《教职工奖惩条例》《关于教育改革的几点意见》等一系列文件，选举出学校分房委员会，该机构的成立在随后的分房工作中发挥了重要作用[①]。南农教职工代表大会的召开，标志着学校"教职工代表大会制度"正式建立，成为学校民主管理的基本形式。

"治校有道"是所有南农人对刘大钧校长的高度评价，无论行政管理工作，还是作物遗传育种实验工作，他都秉持所谓的三个"子"原则，即"班子""摊子""路子"，刘大钧经常教导身边工作人员和自己的研究生，无论从事管理工作还是学术研究，都要坚持这个原则。

一是要有"班子"，即科研团队中要有各种层次的人，较高层次的人是起带领作用的，中间层次和基础层次的人也不能少，否则这个"班子"就不健全、有缺陷，有了缺陷就要想办法弥补，例如：学校教师队伍建设，除了要有高级职称教师外，还要有中级职称和初级职称的教师，这样才能合理搭配，达到最佳效果，才不会后继乏人。

二是要有"摊子"，诸如办公室、实验室和各种仪器设备等，这些工作条件就是"摊子"。如果一点条件也没有，空手套白狼是不行的，这个"摊子"很重要，但建设"摊子"不能急，要保持一定的紧迫性。刘大钧在担任校长期间，特别重视各类实验室、学科专业和研究机构建设。

三是要有"路子"，"思路"的"路"。"班子"有了，"摊子"扎实了，还要考虑"路子"，学校的发展要有好的"思路"，做科学研究也一样，要经常关注科学前沿，查阅国内外学术期刊，只有对国际研究前沿有充分了解，才能找到个人的发展方向，才能有比较好的发展。

① 编委会：《南京农业大学发展史·历史卷》，北京：中国农业出版社，2012年10月，第404页。

刘大钧反复强调，记住这"三个子"真的很重要，可以作为自己做事的标准，对照标准才能找到差距，然后再尽力弥补缺陷，满足这"三个子"，做事必然能够成功。刘大钧的"三个子"理论对学校各项事业的发展都产生了重要影响，也使师从于他的学生们受益匪浅①。

① "老科学家学术成长资料采集工程"采集资料，王耀南访谈，2013年4月11日，南京，资料存于采集工程数据库。

第|七|章

攻坚小麦赤霉病

勇于挑战大难题

　　小麦赤霉病是温暖潮湿和半潮湿地区广泛发生的一种作物病害，其危害性仅次于条锈病，对中国小麦生产的影响很大，尤其长江中下游冬麦区是赤霉病的高发区域。1950年以来，国内多次发生赤霉病大流行，严重威胁小麦安全生产，一般流行年份会引起5%～10%的产量损失，大流行年份会导致病穗率50%以上，不仅严重影响作物产量，而且导致小麦病粒中含有毒素，可能引发人畜中毒，严重影响粮食安全和食品安全。改变耕作制度和作物栽培技术难以解决这种病害的侵袭和蔓延，虽然化学手段对赤霉病防控具有一定的抑制效果，但会造成生产成本增加和环境污染，培育抗病小麦新品种是减轻赤霉病危害的最佳途径[①]。

　　新中国成立后，农业科技工作者对小麦赤霉病进行了系列研究，成立了全国性小麦赤霉病研究协作组，育种方法和鉴定评价标准已经建立并得到完善，育成一批中抗水平的优质、高产小麦新品种[②]；但仍然存在后代抗性选择效果差、高产和高抗结合难、抗源有待深入发掘等很多问题。"文化大革命"结束后，国内很多农业科学家力图攻克这个世界性难题，国际小麦遗传育种同行也试图从小麦的近缘物种中寻找抗赤霉病基因，并将其导入小麦中，他们大多选取山羊草属、黑麦草属、偃麦草属、披碱草属等小麦近缘物种作

---

　　① 马鸿翔，陆维忠：《小麦赤霉病抗性改良研究进展》，《江苏农业学报》，2010年第1期，第197–203页。

　　② 程顺和等：《中国小麦赤霉病的危害及抗性遗传改良》，《江苏农业学报》，2012年第5期。

为研究对象。

在这种情况下，刘大钧科研团队迎难而上，另辟蹊径，选择了簇毛麦、大赖草、鹅观草和纤毛鹅观草等植物作为研究对象。当时国内学术界对这几种植物的研究尚属空白，簇毛麦是分布在地中海沿岸的一年生植物，美国E. R. Sears教授在20世纪50年代曾做过将其染色体向小麦转移的相关研究，但研究主要着眼于转移秆锈病和叶锈病抗性。

1977年，刘大钧科研团队开始簇毛麦抗病性转移研究实验，这在国内尚属首次，也是唯一开展相关研究的科研团队。通过一系列的研究发现：簇毛麦不抗小麦赤霉病，但高抗白粉病。随即刘大钧科研团队调整研究方向，进行簇毛麦抗小麦白粉病的染色体转移研究。以此为肇始，刘大钧科研团队针对簇毛麦的研究产生了很多创新性研究成果，国内外的小麦遗传育种研究领域，经常把簇毛麦与刘大钧联系在一起，簇毛麦仿佛成为刘大钧科研团队的一个标志。针对大赖草、鹅观草、纤毛鹅观草等其他小麦亲缘植物的研究也是如此。1983年，科研团队开始进行大赖草对赤霉病抗性转移的研究；1986年，科研团队又进行了鹅观草和纤毛鹅观草赤霉病抗病性转移研究，前者为国内首次，后者为国际首次。此外，科研团队还成功选育出优异的抗赤霉病材料，即普通小麦—大赖草、普通小麦—鹅观草、普通小麦—纤毛鹅观草的附加系（代换系和易位系），丰富了小麦赤霉病抗源。

赴美学习新技术

1978年，春回大地，改革开放政策实施后，国家鼓励开展跨国学术交流，国际科研合作有了新举措。邓小平同志提出："我赞成留学生的数量增大，主要搞自然科学。要成千成万地派，不是只派十个八个……"在这个极为利好的大背景下，经过本人申请和相关部门批准，刘大钧作为改革开放后南京农学院首批国外访学的教师之一，前往作物育种水平最高的美国拜师学艺。

1980年4月，刘大钧启程前往美国密苏里大学农学院，与国际著名小麦细胞遗传学家E.R. Sears[①]教授开展为期一年的合作研究，这是他20世纪50年代留学苏联、70年代考察法国之后的第3次出国。在飞往美国的航班上，刘大钧再度回忆起5年前赴法国农业考察之旅，正是那次出访使他与簇毛麦结下不解之缘。尽管这次美国访学姗姗来迟，但对于刘大钧来说却是如此重要，他与美国作物育种专家的初次合作为科研团队的未来发展方向奠定了坚实基础。

南京农业大学王秀娥教授在访谈中谈到：

刘先生是南农最早派到美国密苏里大学E. R. Sears实验室的访问学者。E. R. Sears是享誉全球的细胞遗传学家，曾利用细胞遗传学方法，通过远缘杂交，将外缘物种染色体导入到小麦中。刘先生在美国跟随他学习研究，建立了南农作物遗传育种实验室，与E. R. Sears实验室保持长期的合作关系，为后来与E. R. Sears的学生Bikram. S. Gill教授及其创立的实验室开展长达30多年的密切合作奠定了坚实基础[②]。

赴美访学的这一年，正是刘大钧科研团队系统研究簇毛麦的第二个年头，他们细致深入地研究过簇毛麦的各种性状，但细胞遗

① E. R. Sears是国际著名的细胞遗传学家，密苏里大学教授，曾担任美国遗传学会主席，在小麦起源进化、非整倍体系列的创制和应用、小麦与亲缘物种的远源杂交和染色体工程等领域作出了开创性工作。

② "老科学家学术成长资料采集工程"采集资料，王秀娥访谈，2013年4月16日，南京。资料现存于采集工程数据库。

传学分析工作却异常缓慢，根本原因在于染色体准确鉴别技术不过硬！传统的核型分析方法在倍性较高、染色体数目较多的情况下，难以准确鉴别各条染色体。这是当时国内植物遗传界面临的一个普遍问题，也与当时我国的科研环境和技术水平有很大关系。20世纪80年代初，国内高校开始恢复科研工作，科研水平与发达国家相比差距很大。早在20世纪50年代，细胞遗传学研究在欧美国家已经非常成熟，并开始向分子遗传学研究过渡，而此时国内的细胞遗传学研究才刚刚起步，分子遗传学则是在20世纪80年代末起步。因此，刘大钧为了解决簇毛麦研究过程中遇到的技术瓶颈，下定决心前往技术最先进的国家学习，"要学就学最好的"[①]，这是他前往美国密苏里大学的根本原因。

密苏里大学是密苏里州34所大学中唯一入选美国大学联盟AAU（Association of American Universities）的大学，素有"公立长春藤名校"的美誉。E. R. Sears教授是国际著名小麦细胞遗传学家、染色体工程先驱者，早在20世纪30年代已带领自己的学生开始"染色体工程"研究，而这个专业词汇在70年代初期才提出来。E. R. Sears教授领衔的科研团队可谓硕果累累，尽管刘大钧此时已是国内作物育种界小有名气的大学教授，但仍坚持以学生身份，秉持求学的态度向国际同行虚心学习。

在E. R. Sears教授的作物育种实验室中，刘大钧忘我地工作，仿佛根本就不是"知天命"的年龄，每天精力充沛，总有使不完的劲头，由简到繁、由易到难，逐步系统地掌握了细胞遗传学全部相关知识，并与在实验室进修的Kimber博士合作完成高水平学术论文《4× 双二倍体在小麦染色体组分析中的应用》，这两位杰出的学者也从此结下了终生的深厚友谊。

① "老科学家学术成长资料采集工程"采集资料，吴琴生访谈，2013年5月17日，南京，资料存于采集工程数据库。

刘大钧在英国剑桥参加国际小麦遗传学大会（1988年）
（左起刘大钧、E. R. Sears、Gorden Kimber[①]、辛志勇[②]）

刘大钧在美国还系统学习掌握了当时国际育种领域先进的染色体鉴别技术——染色体C-分带技术。染色体分带技术又称染色体显带技术（Chromosome banding），是用特殊的染色方法，使染色体产生明显的色带（暗带）和未染色的明带相间的带型，形成不同的染色体特定特征，以此来鉴别单个染色体或者染色体组，这是分带技术最重要的应用。这项技术是20世纪60年代末由瑞典细胞化学家T. Caspersson首先发明的，经过10多年的发展，到80年代初期已经成为比较成熟的技术体系，刘大钧科研团队将该技术引入国内，成为国内率先将该技术应用于染色体工程研究的团队之一。

在美国访学期间，刘大钧还主动前往堪萨斯州立大学、康奈尔

① Gorden Kimber，英国人，著名小麦遗传学家，美国E.R. Sears教授的得意门生之一，从事作物细胞遗传、起源、进化以及小麦与亲缘植物远源杂交等研究。

② 辛志勇（1942—），江苏无锡人，中国农业科学院研究员，博士生导师。从事小麦育种研究，1996—2003年担任作物科学研究所所长。曾任农业部第六、七届科技委员会委员、中国作物学会常务副理事长、中国农业生物技术学会理事、中国生物工程学会理事、《作物学报》主编以及《遗传学报》《中国农业科学》《植物学通报》《麦类作物学报》等编委。首次在国际上将偃麦草等三个不同来源的黄矮病抗性基因导入普通小麦。1992年获政府特殊津贴，1997年获国家有突出贡献的中青年专家和王丹萍科学奖金。

大学、肯塔基州立大学、加州戴维斯大学以及墨西哥国际玉米与小麦改良中心（CIMMYT）考察小麦育种研究，尤其是到CIMMYT的考察和学习收获很大，不仅开阔了学术视野，而且掌握了很多新知识、新技术，还结识了一批国外著名作物育种专家，为科研团队的国际合作打下良好的基础。

刘大钧境外学习一年期满后，按照规定如期回国从事教学科研工作。他回来后立即做了一项重要工作，推荐自己的首位硕士研究生、得力科研助手陈佩度前往美国堪萨斯州立大学Bikram S. Gill博士实验室访学，进一步学习掌握染色体鉴别技术。功夫不负有心人，陈佩度学成归国后，刘大钧科研团队的小麦作物育种研究速度明显加快，尤其在植物染色体工程研究中，该技术发挥了重要的作用，他们将染色体分带与染色体组型分析、外源性状标记等技术紧密结合，综合运用，首次成功鉴别了簇毛麦—硬粒小麦双二倍体中簇毛麦V染色体组的全部7对染色体、硬粒小麦A、B染色体组的14条染色体以及普通小麦—簇毛麦异附加系、异代换系和易位系中的簇毛麦染色体。

科技攻关显担当

1982年，国家出台科技攻关计划，这是改革开放后第一个国家科技计划，是我国科技计划体系发展的重要里程碑。中国的"六五"科技攻关计划从1981年开始实施，涉及农业、消费品工业、能源开发、地质和原材料、机械电子设备、交通运输、新兴技术、社会发展8个方面38个项目、114个课题、1 467个专题，其中细胞工程被列入研究专题。

细胞工程是指应用现代细胞生物学、发育生物学、遗传学和分子生物学的理论和方法，按照人们的需求和设计，在细胞水平上的遗传操作，重组细胞结构和内含物，以改变生物的结构和功能，即通过细胞融合、核质移植、染色体或基因移植以及组织和细胞培养等方法，快速繁殖和培养出人们所需要的新物种的一种生物工程技术。"六五"科技攻关计划出台后，面临这样重大而艰巨的科研机遇，刘大钧科研团队申请了"细胞工程—植物染色体工程"科技项目。当时，刘大钧科研团队已经对簇毛麦的研究取得了重大进展，发现簇毛麦对白粉病免疫和提高籽粒蛋白质含量等有益特征，获得一个硬粒小麦—簇毛麦双二倍体，其孕性已基本正常，还获得一批对白粉病免疫和籽粒蛋白质含量高的回交高代材料。

1982年9月，刘大钧作为"植物染色体工程"项目申请人，受邀参加了国家科委在北京召开的小型专家论证会。在为期9天的会议中，刘大钧与国内39家科研单位充分论证协作攻关计划，彼此交换意见，展示科研团队已取得的研究进展和下一步研究设想。在整个过程中，他个人的处事风格和待人接物的潇洒得体，得到与会专家们的一致认可。1983年初，国家科委正式批准刘大钧主持申报的项目普通小麦—簇毛麦异附加系培育，并列入"细胞工程—植物染色体工程"重大专项，很多业内专家对于这个项目审批给予高度认同，并寄予了极高的期望。

20世纪50年代，国外育种专家已开始将簇毛麦染色体添加到普通小麦染色体组中，但由于当时对簇毛麦种质在小麦育种中的利用价值缺乏充分认识，因此未能像小麦—黑麦、小麦—偃麦草等附加系一样，利用到小麦育种中。刘大钧带领团队选育了小麦—簇毛麦整套异附加系，利用这套附加系，明确了簇毛麦染色体组各条染色体的部分同源转化群归属，推动了簇毛麦优异基因向栽培小麦的转移和育种利用。

正值刘大钧带领科研团队全力以赴启动染色体工程项目之际，

上级组织任命他为南京农学院院长，对于他而言，又肩负了一份责任和重担。刘大钧担任院长后，行政管理事务非常繁忙，为了确保染色体工程项目的研究进度，不得不牺牲所有的个人休息时间，以致达到废寝忘食的地步。刘大钧的夫人陆家云教授回忆：1984年春节期间，他仅陪同家人不超过2天，大年初二就一头钻进实验室工作，第二年的春节也是同样如此，每天都是披星戴月回到家中睡觉，第二天准时去单位上班，数年如一日，从未懈怠。

正是事业领头人的这种坚毅和执著精神，刘大钧科研团队的染色体工程项目进展突飞猛进，他们创造性运用染色体分带技术与非整倍体分析相结合，相继解决了异附加系和回交转育材料的精确鉴定、外源基因高效导入和鉴定等关键技术。1985年，科研团队提前完成该项目研究任务，取得了一系列重要的科研成果。

麦氏基金亮身手

刘大钧学术视野宽广，项目研究能够跟上国际前沿步伐。在他的积极协调和全力支持下，细胞遗传研究室很多有学术潜力的老师被派往国外深造学习。1987年，刘大钧领衔的研究课题"小麦抗病（以抗赤霉病为主）优质基因库建拓"成功申请到国际合作经费5万美元，这笔研究经费相当于国家"863"项目的资助额度，成为当时南农复校以来额度较大的一笔国际合作经费。正是在这样的国际合作基础上，真正的机会到来时，科研团队才游刃有余地把握住，并连续取得可喜的科研业绩。

1995年至2005年，在美国麦克奈特基金会（McKnight Foundation，简称麦氏基金）国际合作作物研究项目（CCRP）资助下，刘大钧科研团队与美国堪萨斯州立大学合作开展小麦抗赤霉病研究，10年间，科研团队在小麦抗赤霉病研究领域取得一系列重要成果，南京农业大学细胞遗传研究所在国际小麦育种界的地位大幅度提高，培养了一批在国内外具有影响力的优秀科研人才。刘大钧团队所承担的麦氏基金项目成为南京农业大学建校以来资助金额最多、合作时间最长、影响力最大的国际合作项目，在学校国际合作历史上留下浓墨重彩的一笔。

刘大钧（右二）接待来访的麦氏基金项目管理委员会成员

20世纪90年代，麦氏基金已经成为世界知名的慈善组织，但中国科研工作者对该项目鲜有耳闻，刘大钧获悉此事后，开始深入了解麦氏基金项目及其作物合作研究计划的具体情况。

1953年，麦克奈特基金会在美国明尼苏达州阿波利斯成立，创始人为William L. Mcknight夫妇。William是20世纪著名的企业家、慈善家，也是世界著名的产品多元化跨国企业3M公司创始人之一，他在担任公司董事长期间，深感回馈社会是其义不容辞的责任，下决心与妻子共同成立私人慈善组织——麦氏基金。1974年，William把基金会交给唯一的女儿Virginia管理。时至1993年，麦氏基金已经历40年的发展历程，产生过5次董事会更替，成为美国最大的慈善基金会之一。麦氏基金关注的领域极为广泛，并与时俱进，初期主要集中在艺术、儿童和青少年、环境、区域和社区以及神经科学研究5个领域。1983年，麦氏基金开始资助美国多所大学的植物科学研究，此举旨在纪念出身于农村的创始人William，10年间，麦氏基金资助的金额高达1 850万美元，这也是麦氏基金首次大规模支持农业领域。但在麦氏基金资助美国农业项目的过程中，亚非拉发展中国家的农业生产出现严重问题，麦氏基金董事会毅然决定将资助方向调整为世界饥饿问题，并提出美好的愿望："所有人都能以负担得起的价钱获得所需要的有营养食物，采取可持续生产方式，以保护当地的资源和尊重当地的文化传统为前提。"

在此背景下，为了提高发展中国家的农业科学研究能力，帮助这些国家建立可持续发展农业生产模式，确保其粮食安全，麦氏基金项目启动资助亚洲、南美洲、非洲科学家与美国科学家组成具有代表性的项目合作伙伴。1995年，麦氏基金正式启动作物合作项目计划（CCRP），首期项目验收时间设定在1998年，并拟在10年内提供2 400万美元资助额度。麦氏基金项目正是刘大钧科研团队所急需的资源，这种国际性平台提供了当时最先进的作物育种研究理念和专业技术支持。

1991年11月，刘大钧由于年龄原因不再担任校长职务，但仍以饱满的热情率领科研团队继续开展分子细胞遗传研究。在充分了解麦氏基金项目的来龙去脉后，刘大钧决定申请麦氏基金资助，带领团队跨入国际学术的广阔舞台，加速在分子遗传学研究领域的进军步伐，增强科研团队的学术实力，提升中国遗传育种研究的国际地位。这次麦氏基金项目如果申报成功，对于刘大钧科研团队、南京农业大学、甚至中国遗传育种学界来说，都是非常难得的发展机会。

工作目标确定后，刘大钧科研团队迅速组织专业力量，积极准备麦氏基金项目的申报材料。申请麦氏基金绝非易事，首先是麦氏基金的国际名望、资金实力和申报资格门槛，使得国内很多跃跃欲试的科研团队望而却步。麦氏基金明确规定：亚非拉等发展中国家的科学家只有与美国科学家结成合作伙伴才能申报这一项目，并且要求在合作伙伴关系中发展中国家一方为项目领导者，这对于申报团队的科研实力、学术名望以及国际交流能力有着极高的要求。

关键时刻，刘大钧高瞻远瞩、未雨绸缪的领导力得到充分验证。早在1981年，他就选派得力助手陈佩度前往美国堪萨斯州立大学做访问学者，本人也亲自到访过这所名校，与植物病理学系教授兼小麦种质资源研究中心（WGRC）主任Bikram S. Gill教授建立了深度合作关系。因此，在刘大钧科研团队向他们发出合作申请麦氏基金项目的邀请时，Bikram S. Gill教授积极支持并全力配合。

Bikram S. Gill是国际著名小麦细胞遗传学家，美国堪萨斯州立大学植物病理学系资深教授，从事小麦遗传研究数十年，在小麦起源进化、遗传资源搜集鉴定、小麦遗传图谱和物理图谱构建、小麦分子细胞遗传学的创建和发展方面成就卓越，是国际小麦基因组测序委员会主要发起人，主持完成美国自然科学基金项目、美国农业部科研项目近百项，在《美国科学院院刊》（PNAS）、《遗传学》（Genetics）、《基因组》（Genome）、《遗传学的理论与应用》（Theor Appl Genet）等专业期刊发表学术论文300多篇，主编、参编学术著作77部，荣获美国作物科学学会作物科学研究奖、美国堪萨斯州立大学杰出教授奖以及弗兰克·迈耶奖章。

在Bikram S. Gill教授与刘大钧科研团队的长期合作过程中，帮助南京农业大学培养了一批分子细胞遗传学技术骨干，其中很多人成长为国家作物遗传育种研究的中坚力量，Bikram S. Gill教授受到中国学术界的高度赞誉，并分别于2010年、2012年荣获"江苏友谊奖"和"国家友谊奖"。

刘大钧科研团队经过反复论证，决定以"抗小麦赤霉病新种质的搜集、鉴定、转移和利用"为题目申报麦氏基金项目，之所以选择抗小麦赤霉病作为申报研究方向，基于以下三点考虑：

一是小麦赤霉病是世界温暖潮湿和半潮湿地区广泛发生的小麦病害。20世纪90年代，中国小麦作物赤霉病的危害性仅次于条锈病，尤其在长江中下游、华南冬麦区以及东北东部春麦区发病严重，保守估计全国发生赤霉病的麦区面积超过1亿亩，占全国小麦种植总面积的1/4。根据历史资料记载，1957—1979年，中国长江中下游麦区赤霉病大流行3年，麦穗发病率高达50%～100%，产量损失10%～40%；中度流行12年，麦穗发病率30%～50%，产量损失5%～15%。20世纪80年代末，由于全球气候变化和化肥使用的增加，小麦赤霉病在北美和欧洲流行爆发。为了应对小麦赤霉病，我国曾陆续育成和推广一些较耐赤霉病的小麦品种，但由于产量潜力不大或有其他性状缺陷，不能满足农业生产发展的要求。

二是小麦赤霉病防治一直是中国遗传育种工作者的主攻目标，在全国小麦育种协作攻关规划中，高度强调在长江中下游地区尽快解决这个问题。国外同行在这方面的研究工作也很薄弱，20世纪80年代初期，CIMMYT才将赤霉病的抗性作为新课题列入特殊种质的开拓研究项目中。

三是从20世纪70年代末开始，刘大钧科研团队已启动小麦抗病性研究，一直将小麦抗赤霉病作为科研攻关的主要目标之一。20世纪80年代，通过大量的实验，先后发现大赖草、鹅观草、纤毛鹅观草等对赤霉病高抗，是不可多得的赤霉病抗源。

近20年的研究基础是刘大钧勇于申报麦氏基金项目的信心来源。1994年，刘大钧科研团队向麦氏基金作物合作项目评审委员会递交了申请书。世界各国的申请书总量超过400份，其中18份来自中国。每个申请团队都要接受6个方面的严格专业评估：①对申请人所研究的作物品种，在发展中国家的需求性或作物问题的相对重要性进行审核。②对研究质量和可能性进行审核，在这方面审委会有两个衡量标准，一是申请团队的研究是否可以直接解决农业粮食生产中的约束限制问题、影响质量问题、环境问题、可持续性问题或经济可行性问题等；二是能否较大程度地提升农作物生物学理论、抗虫害、抗病毒或农业生产系统。③对申请团队合作关系的科研能力进行审核，评审委员会将充分评估团队中成员的科研经历、科研成果和科研水平，重点考察团队中最短板的成员，以达到每个成员都有资格参与项目研究。④对合作伙伴关系的审核，评审委员会确认申请方是否具有实质性合作关系，研究、培训和项目管理计划必须由发展中国家研究团队制定，并要求在申请书中明显体现。⑤考核发展中国家科研团队与该国农业部的关系是否密切，能否得到农业部的政策支持，或项目方向是否符合农业部的政策导向。⑥在培训有效性方面，评审委员会着重考核发展中国家科研团队接受欧美发达国家培训的计划和质量，并评估系列培训计划的价值含量。

1995年年初，麦氏基金评审委员会公布了成功申请作物合作研究项目名单，国内18个申请单位仅申请成功2项，刘大钧科研团队赫然在列。麦氏基金项目的成功申请，不仅代表了国际同行对刘大钧科研团队的科研实力与项目潜力的高度认可，而且极大地激励了科研团队的全体成员，南京农业大学全体师生也备受鼓舞。

到目前为止，麦氏基金项目是南农历史上最大的一个国际合作项目，它的影响力非常大。这个项目对于刘先生领衔的细胞遗传研究所来说非常重要。众所周知，很多学者可能一肚子的学问，怎么让人家知道，怎么把自己推销出去，我个人觉得刘先生不但学问做得好，更是在国内外同行中独具人格魅力，得到基金会和国际同行认可，相信科研团队能够把这个合作项目做好。此外，细胞遗传研究所与E. R. Sears的学生Bikram S. Gill教授有近30年的密切合作，主要研究方向也很接近，刘先生与其建立起稳定的、长期的、良性的合作关系，这对于麦氏基金项目的申报成功非常重要。

科研团队利用三轮10年的研究经费资助，系统开展小麦抗赤霉病研究，在赤霉病基因定位与克隆、新的抗赤霉病种质创制等方面取得系列突破性进展，现在的很多研究成果都是在那个时期的基础上积累的。麦氏基金项目对于南农培养人才发挥了重要的作用，我也是受益者之一，1999—2000年在Bikram S. Gill教授实验室做访问学者，这一年是我学术生涯中比较关键的时期，很多科研理念都是那个时候形成的，出国进修确实可以开阔视野，所以我现在经常鼓励自己的学生走出去[①]。

刘大钧接待麦氏基金生物研究计划顾问组美方专家
（左起：刘大钧、陈佩度、R.M. Goodman）

1995年，刘大钧科研团队成功申请到麦氏基金项目后，立即紧锣密鼓地开展项目研究部署。根据预定工作计划、工作经验和前期积累的研究成果，第一年的主要工作是抗小麦赤霉病新种质的搜集和鉴定，从第二年开始进入转移和利用研究，第一阶段工作重点主要放在普通小麦"中国春"—大赖草易位系、普通小麦—鹅观草异附加系和易位系以及普通小麦—纤毛鹅观草异附加系选育研究。

---

① "老科学家学术成长资料采集工程"采集资料，王秀娥访谈，2013年4月16日，南京。资料现存于采集工程数据库。

1996年，为了尽快创制出一套完整的普通小麦—大赖草二体异附加系，刘大钧科研团队加快了科研步伐。以普通小麦"中国春"和大赖草杂种与普通小麦回交的后代为材料，成功选育出4个异附加系以及端体异附加系等材料，虽然其赤霉病抗性未达到亲本大赖草的水平，但对大赖草赤霉病抗性基因的染色体定位和研究大赖草染色体上所携带其他有益基因都有重要价值，利用端体异附加系，将赤霉病抗性基因进一步定位到了大赖草的相应染色体臂上。

1998年，是麦氏基金项目第一轮项目验收的最后一年，刘大钧科研团队处于攻坚阶段，为选育出普通小麦—大赖草易位系，科研团队进一步调整研究方案，增加研究力量，运用辐射和杀配子染色体等易位诱导技术，完善外源染色体鉴定技术体系，创制出小麦—大赖草易位系，其中易位系T4BS.4BL–7Lr#1S是世界上首个普通小麦—大赖草易位系，携带抗赤霉病基因，该抗病基因被命名为*Fhb3*，为抗赤霉病育种提供了宝贵的新抗源。

1998年6月末，刘大钧科研团队向麦氏基金递交了项目研究报告和财务报告书，这标志着麦氏基金作物合作项目第一期正式结束。在为期3年半的项目攻关期间，科研团队全体成员马不停蹄、丝毫不敢懈怠，坚持稳中求进工作原则，如期完成项目计划。通过大量艰苦细致的育种实验，获得了一批抗赤霉病二体异附加系、易位系等材料，建立了基于分子生物学技术的鉴定技术。周密的项目研究计划、井井有条的实验管理和具有创新性的研究成果，赢得了麦氏基金监管专家顾问委员会主席R. M. Goodman教授的高度赞誉。鉴于首次合作的优异表现与高水平研究成果，第一期项目研究报告递交后不久，麦氏基金项目管理委员会再次传来喜讯，麦氏基金决定继续资助刘大钧科研团队开展第二期合作项目，研究周期从1998年下半年至2001年上半年。

享誉全球的麦氏基金对科研团队的研究进度、资金使用、进程管理、结项评审和续款决定都有极为严格的规定，不仅要求项目承担者在规定时间内递交科研年度报告和财务报告，而且项目监督管理委员会不定期派代表进行实地考察，这从另一个角度证明了刘大钧科研团队顺利获得麦氏基金二期项目完全凭借强大的科研实力。第二期麦氏基金项目工作中心是继续针对已获得抗赤霉病异附加系、易位系进行系统的分子细胞学鉴定和抗赤霉病稳定性分析。

2000年5月，为总结交流小麦赤霉病遗传育种研究，刘大钧发起召开国际小麦赤霉病大会第一届学术研讨会，会议在苏州举行，与会人员参观了抗赤霉病小麦品种"苏麦3号"的选育单位苏州市农业科学研究所、苏南小麦生产基地、南京农业大学小麦育种基地和江苏省农业科学院小麦育种基地，会议得到国际同行的高度重视和热烈欢迎，后经组委会讨论决定，改为定期会议，每4年召开一次，分别由相关国家的研究机构主办，为全球防控小麦赤霉病研究提供学术交流平台。

2000年12月，麦氏基金作物合作项目第三期计划正式开始申报。根据以往的惯例，麦氏基金对同一科研团队一般情况下连续资助两期即停止，刘大钧反复权衡是否参与此次申报，经过仔细斟酌，决定由陈佩度和刚从国外获得博士学位的马正强联合主持申报。马正强教授是教育部优秀青年教师、跨世纪优秀人才培养计划获得者、国家7部委首批新世纪百千万人才工程国家级人选，主持过多项重大科研项目，其他的参研人员也是经过麦氏基金前两期和其他重大科研项目培养出来的，研究团队中的很多人都能独当一面，人才结构和年龄梯队结构搭配合理，被国内外同行专家所称赞。

2001年5月，喜讯再度传来，陈佩度、马正强联合主持的深入探究和进一步利用小麦抗赤霉病基因项目成功获得麦氏基金作物合作项目第三期资助。一个科研机构能够连续3次获得麦氏基金资助，这是该基金历史上极其罕见的，充分显示了刘大钧科研团队的实力。6月底，麦氏基金合作项目第二期正式宣告结束，与3年前的第一期结项成果相比，科研团队又获得一批重要的关于小麦赤霉病研究的成果，不仅选育鉴定出多个易位系，确定了一些易位系涉及内外源染色体的部分同源群归属、区段大小和断裂点位置，而且创造性综合运用染色体分带、DNA原位杂交和分子标记技术，成为国内分子遗传学研究领域的开拓者之一。

麦氏基金顾问委员会会议（左三：刘大钧，右一：庄巧生[①]）

从2001年下半年开始，刘大钧与科研团队在麦氏基金第三期经费资助下，继续对前几年创制的抗赤霉病易位系进行抗性鉴定和分子细胞学分析，利用杀配子染色体等方法创制出普通小麦—大赖草易位系。第二年上半年又成功选育出大赖草染色体片段和小麦染色体片段来源清楚的3个纯合易位系98002、98004和98048，经过赤霉病接种鉴定，98002、98004的抗性接近抗病对照品种"苏麦3

---

① 庄巧生（1916—），福建闽侯人，小麦遗传育种学家。历任华北农业科学研究所副研究员，中国农业科学院作物育种栽培研究所研究员、副所长，中国遗传学会第一、二届理事，中国作物学会第三届副理事长，国际玉米小麦改良中心理事。第七届全国政协委员。先后主持选育出北京8号、北京10号、丰抗8号等10多个抗锈高产冬小麦品种，并大面积推广种植。1991年当选中国科学院院士。

号"，98048的抗性略低于"苏麦3号"。这次研究充分表明利用杀配子染色体是诱导小麦与亲缘物种染色体易位的有效途径之一，也是刘大钧科研团队继染色体配对、花药培养、电离辐射之后开展的第四种创造易位系的技术。

根据CIMMYT的著名小麦育种家Mujeeb Kazi介绍，"中国春"—百萨偃麦草双二倍体也抗赤霉病。刘大钧随即引进了该双二倍体，并安排博士研究生英加、庄丽芳（现为细胞遗传研究所教师）等人开展百萨偃麦草优良基因导入小麦研究。百萨偃麦草（2n = 2x = 14）原产于黑海和地中海沿岸，属于根茎多年生草本植物，染色体组型是偃麦草属基本染色体，具有抗病、抗旱、抗寒、耐盐碱、大穗、多花等多项优良性状，对赤霉病的抗性优于国内普通小麦品种"中国春"。经过一系列研究实验，科研团队成功选育出7个"中国春"—百萨偃麦草二体异附加系，均具有较好的稳定性，是培育代换系和易位系的优良中间材料，为百萨偃麦草基因和染色体组型研究提供了极为宝贵的材料。

2003年，刘大钧科研团队综合利用染色体C–分带、基因组原位杂交以及花粉母细胞减数分裂分析等方法，选育出5份纯合易位系，据此推测两个物种间的染色体易位在早期百萨偃麦草染色体较多，呈单价体存在时通过部分同源重组而产生。

除了研究小麦野生近缘物种的抗赤霉病基因，团队还针对"望水白"和"苏麦3号"两个小麦种内抗源开展研究，构建了双单倍体（DH）和重组自交家系（RIL）群体，通过赤霉病抗性鉴定和分子标记分析，发现赤霉病抗性主基因遗传率均在70%以上，赤霉病抗性是比较稳定的遗传性状，并具有较高的遗传力。

在麦氏基金项目资助下，刘大钧率领科研团队开展了卓有成效的赤霉病抗性研究工作，这对南农细胞遗传研究所和南京农业大学都产生了深远的影响。科研团队在分子和细胞遗传学研究领域长期处于国内前沿水平，攻克了抗赤霉病多项国际难题，整体科研实力和学术水平达到世界级水准，团队成员陈佩度、马正强、王秀娥等先后成长为国内知名的作物遗传育种学家，是不同时期我国作物遗传育种领域的领军者。刘大钧领衔的南京农业大学细胞遗传研究所、作物遗传与特异种质创新教育部重点开放实验室和国家大豆改良中心等多学科多部门通过联合申报，于2001年成功获批国家级重点实验室——作物遗传与种质创新国家重点实验室，这一重大发展与完成麦氏基金作物合作研究项目密不可分。

第 八 章

生物技术领跑人

分子标记助育种

国内常规育种手段包括杂交育种、物理与化学诱变育种、离体组织培养育种和多倍体育种等。刘大钧科研团队在常规育种工作中经常遇到一些难以克服的困难，当然这也是国内其他育种专家经常遇到的难题，解决手段都是采用遗传标记方法，国内常见的遗传标记方法包括：形态学标记、细胞学标记、生化标记和分子标记。细胞学标记在小麦等作物的基因定位、连锁图谱构建、染色体工程和外缘基因鉴定中起到了重要的作用，但很多作物难以获得这类标记。生化标记是利用蛋白质和同工酶等基因的表达产物反映基因型差异，在小麦和玉米的遗传育种中广泛应用。分子标记在作物遗传图谱构建、重要农艺性状基因的标记定位和种质资源的遗传多样性分析等方面广泛应用，尤其是分子标记辅助育种受到专家们的高度重视，这种方法可以缩短育种年限，加快育种进程，提高育种效率，克服很多常规育种方法中的困难。分子标记种类众多，第一代分子标记以RFLP[①]为代表，第二代分子标记以SSR[②]为代表。

刘大钧科研团队是国内最早采用分子标记技术、开展小麦抗病育种研究的科研团队之一。1994年，首届"全国生物技术在植物病虫害研究与防治中的应用"学术研讨会上，刘大钧代表科研团队

---

① RFLP（Restriction Fragment Length Polymorphisms），即限制性片段长度多态性，是指用限制性内切酶酶切不同个体的基因组DNA后，含有与探针序列同源的酶切片段在长度上的多态性。

② SSR：又称微卫星DNA，是一类由1～6个碱基组成的基序（*motif*）串联重复而成的DNA序列，其长度一般较短，广泛分布于基因组的不同位置。最早始于动物基因组研究，但目前在植物中SSR研究也非常活跃。

与全国各地育种专家分享了《用于检测小麦白粉病抗性基因 *Pm21* 的RAPD①标记》相关学术成果。第二年，中国遗传学会第五次代表大会暨学术讨论会如期召开，刘大钧科研团队的学术论文《与抗性基因 *Pm21* 有关的RAPD标记的分离、定位与应用》再次得到与会专家的高度评价。1997年，科研团队在国内外有影响的学术期刊上，先后发表了《分子标记辅助育种新尝试》《与小麦抗白粉病基因 *Pm6* 紧密连锁的分子标记筛选》《与小麦白粉病抗性基因 *Pm2* 紧密连锁RAPD标记的筛选研究》《分子标记辅助鉴定小麦抗白粉病品种（系）所含 *Pm* 基因》等一系列最新科研成果。

除了对小麦抗白粉病基因的分子标记外，刘大钧科研团队针对其他数十种外源抗病基因也开展了分子标记研究。2001年，科研团队的研究成果《小麦矮秆基因 *Rht3* 的RAPD和RFLP标记分析》发表研究结论："RAPD与RFLP技术广泛应用于遗传作图、基因定位、图位克隆和外源染色体检测等方面，RFLP标记具有稳定性好，易与遗传图谱相结合，RAPD技术简便易行，是值得推广应用的分子标记。"

20世纪90年代初，刘大钧科研团队还开始运用分子遗传学鉴定技术进行小麦育种试验，这是国内为数不多使用该技术开展育种研究的科研团队。当时，南农细胞遗传研究室购置了一台贝克曼牌离心机，是那个时期全校最好的仪器之一。细胞遗传研究室开始逐渐发展到更高阶段，采用分子遗传学研究与细胞遗传学研究相结合，构建起分子细胞遗传学研究体系，实验室研究也迈上了新台阶，不仅可以在显微镜下观察细胞中的染色体，而且可以深入观察染色体上DNA序列组成特征。

这个时期，南京农学院已经更名为南京农业大学，刘大钧作

---

① RAPD（Random Amplification Polymorphism DNA），即随机扩增多态性DNA，所谓RAPD标记是用随机排列的寡聚脱氧核苷酸单链引物（通常长度为10个核苷酸）通过PCR扩增染色体组中的DNA所获得的长度不同的多态性DNA片段。

为校长非常重视研究生在新技术方面的应用，专门聘请南京铁道医学院（现在为东南大学医学院）高翼之①教授来校讲授分子遗传学课程。高翼之教授是分子遗传学领域著名学者，理论功底深厚，他运用深入浅出的教学方法，系统讲授了分子生物学基本原理、国际最新技术及其研究进展，使南农的研究生不仅知道分子遗传学发展到什么程度，而且熟悉了分子遗传学发展历程。当年的很多研究生已经成为南农教授，他们对此记忆尤深，至今上课时还会借用当年高教授所举的一些例子。除了重视基础理论教育外，刘大钧还强调创新意识，鼓励自己的研究生敢于尝试新鲜事物，"一起出国考察访问时，刘先生总是因势利导教育我们：在不同的国度要敢于品尝特色食物，不能总想着家里的米饭和馒头，科研工作也是同样如此。"②

研制细胞融合仪

原生质体融合技术始于20世纪60年代。1979年，匈牙利的佩蒂斯（Pesti）开创了原生质体融合在实际工作中的应用。随后，森达（Senda）和齐默尔曼（Zimmermann）等人报道了电场诱导细胞融合新技术。电融合技术操作简单，无化学毒性，对细胞损伤小，融合率高，人们很快就将这种新的融合手段从动植物扩展到微生物原生质体融合研究中，使原生质体融合技术取得新突破。小麦细胞

---

① 高翼之（1931—），上海人，南京铁道医学院（东南大学医学院）医学科学研究所教授，长期从事普通遗传学、人类遗传学研究。

② "老科学家学术成长资料采集工程"采集资料，王秀娥访谈，2013年4月16日，南京，资料存于采集工程数据库。

融合研究启动比较晚，但随着小麦原生质体培养和植株再生技术的新突破，细胞融合研究已经提上议事日程。

1990年，刘大钧科研团队根据最新调整的研究工作计划，在小麦、黑麦草原生质体培养基础上，针对提高原生质体分裂与植株再生频率、原生质体融合方法与条件展开系统研究，并成功研制出CY-1型细胞电融合仪。南农CY-1型细胞电融合仪是在刘大钧的组织协调下，由从事原生质体培养与融合研究的吴琴生和南京大学物理系毕业来校工作的姚国顺、周静娴夫妇共同研究成功的。经过一系列实验表明，该仪器性能已达到各类生物细胞融合所要求的相关指标，可以广泛应用于动植物、微生物等细胞融合研究，具有极高的性价比。CY-1型细胞电融合仪通过江苏省科委组织的技术成果鉴定，达到国内先进水平，为国内同行开展相关研究创造了条件①。

1990年，在原生质体电融合技术支持下，刘大钧科研团队首次报道了普通小麦与多年生黑麦草间原生质体的电融合，采用碘乙酰胺处理小麦原生质体，并通过同工酶和限制性片段长度多态性分析，证明获得小麦和黑麦草体细胞杂种再生愈伤组织。实验进一步表明：小麦与亲缘种属间可以通过细胞融合转移种质，扩大有益基因的利用范围；小麦和多年生黑麦草原生质体电融合处理后，原生质体可以正常分裂、再生愈伤组织，在适宜的电场强度范围内，利用电融合法进行体细胞杂交是有效的。第二年，刘大钧和吴琴生共同发表了《普通小麦和黑麦草原生质体电融合的适宜条件》学术论文，并利用该技术对苇状羊茅、大麦和"中国春"小麦的原生质体培养进行研究，为小麦染色体工程研究积累了经验。

---

① "老科学家学术成长资料采集工程"采集资料，《小麦原生质体培养、高效成株及细胞融合技术的最终研究报告》，编号DA-020-002，原稿存于南京农业大学档案馆。

获得首批"863"资助

20世纪80年代，基因枪技术的诞生使植物基因工程取得突破性进展，由于该技术安全性好、效率高，应用范围迅速从动植物基因工程扩展到基因治疗和基因免疫领域。刘大钧始终高度关注这些前沿技术，为了尽快掌握植物原生质体培养核心技术，刘大钧先后派出团队骨干吴琴生、杨世湖，分别前往英国和美国最高水平实验室进修，系统学习小麦和水稻原生质体培养与利用。在他的精心指导下，吴琴生发表了最新研究成果《用微弹轰击法将GUS基因导入小麦的完整细胞》（1992年），详细地介绍了β-葡萄糖醛酸酶（GUS）基因导入及其成功表达的研究过程，开创了国内利用基因枪法将外源基因导入小麦的研究先河。

在刘先生的课题组，出国访学是经常性的，他喜欢把自己的学生放到世界各地进行锻炼，让他们经常走出去看一看。他曾经说过："你有本事、有能力，只在国内还不行，你要到国际领域去竞争，才显得你有本事，你要能够做得好，才是真正的本事。"所以刘先生培养的研究生出国的比较多，我在英国洛桑试验站进修学习生物技术3年，那个时候生物技术才刚刚开始，期间刘先生还去英国访问一次[1]。

据吴琴生教授回忆，他在英国洛桑试验站访学期间开始接触到基因枪技术，立刻写信向导师汇报了具体情况，刘大钧在复信时要求他必须熟练掌握该技术，以便学成回国后在基因工程研究中广泛

---

[1] "老科学家学术成长资料采集工程"采集资料，吴琴生访谈，2013年5月17日，南京，资料存于采集工程数据库。

运用，这项先进的技术被刘大钧科研团队及时引入国内，并在其后多个研究项目中广泛使用。植物体细胞原生质体培养再生成株技术是应用于植物细胞遗传工程的关键技术[1]，去除了细胞壁的植物体细胞（即原生质体）是外源遗传物质的良好受体，能够吸附或摄入外源的细胞器、脂质体、质粒和DNA片段等。

刘大钧（左二）访问英国洛桑实验站（1986年）

在刘大钧敏锐的科研直觉引领下，科研团队在原生质体培养技术领域快速进步，很快进入国际先进水平之列。吴琴生高度评价这一科研历程：“这些成绩得益于刘先生的英明决策，南农首个‘863’项目[2]就是与刘先生合作领衔的，这为后来的高层次研究奠定了基础。”

---

[1] 刘大钧：《向小麦转移外源抗病性回顾与展望》，《南京农业大学学报》，1994年第17期，第1–7页。

[2] 1986年3月，王大珩、王淦昌、杨嘉墀和陈芳允等4位科学家提出“关于跟踪研究外国战略性高技术发展”的建议，旨在迎接世界高技术的蓬勃发展和国际竞争日趋激烈的严峻挑战。这个建议很快得到邓小平的批示，他认为建议十分重要，并指示“找些专家和有关负责同志讨论，提出意见，以凭决策。此事宜速作决断，不可拖延”。1986年11月，党中央、国务院在充分论证的基础上，正式启动实施高技术研究发展计划，简称“863项目”，旨在提高我国的自主创新能力，坚持战略性、前沿性和前瞻性，以前沿技术研究为重点，统筹部署高新技术的集成应用和产业化示范，充分发挥高新技术引领未来发展的先导作用。

当时，国家开始重视高新技术的研究工作，刘大钧经过慎重考虑，决定让正在英国访学的吴琴生立即回国申报国家首批"863"项目。1987年8月，京城盛夏酷热难耐，"863"项目申报听证会如期举行，刘大钧与刚从英国进修回来的吴琴生仔细研究申报书内容。此时，吴琴生并不情愿以自己的名义申报项目，认为不应该抢了老师的"风头"，但刘大钧却坚决要他作项目主持人，这体现了为人师长的宽广胸怀和培养后学的良苦用心。在导师的鼓励和支持下，吴琴生一举成功地申请到"863"项目，项目名称为"小麦原生质体培养、细胞融合和植株再生"，充足的科研启动经费使国外学成归来的吴琴生有了"施展拳脚"的宽阔空间。

多年后，吴琴生对于导师的这个决定仍然充满敬佩，"1985年，刘先生派我到英国洛桑试验站做访问学者，进修学习生物前沿技术，这是深思熟虑的决定。当时很多学者都去了美国，但刘先生认为英国的生物技术是世界上领先的，既然大多数人都去美国学习，那就有可能学不到独特的先进技术，所以他就派我到英国学习。"[①]在此之前，刘大钧还派吴琴生参加学校的农业考察团，专程考察澳大利亚农业，深入了解该国的生物技术研究进展。吴琴生从英国回来后成为南京农业大学分子遗传研究室的科研骨干，引入的先进专业技术使刘大钧科研团队的生物技术研究实力大增。

启动基因克隆研究

20世纪90年代中期，刘大钧科研团队在染色体工程和基因工

① "老科学家学术成长资料采集工程"采集资料，吴琴生访谈，2013年5月17日，南京，资料存于采集工程数据库。

程方面都取得了令人瞩目的成就，在国内外的知名度很高。时任中国生物技术发展中心主任丁勇[①]在考察科研团队的实验室后，反复叮嘱："大钧，你们那个簇毛麦基因很好，又是国内知识产权，大家都在用，把它克隆出来。……如果你们还停留在染色体工程上，就会大大落后的。"

从20世纪70年代中期开始，刘大钧就率领细胞遗传实验室开展小麦亲缘植物抗性基因的搜集与转移研究。在国际上首次成功将簇毛麦抗白粉病基因转移到小麦，在育成抗白粉病的小麦异附加系、代换系基础上，通过杂交与辐射相结合的方法创制抗病易位系；经过抗性追踪和分子细胞遗传学分析，将抗白粉病基因 $Pm21$ 定位在6V染色体短臂近0.58区段，这是中国首先发现并导入栽培小麦，是迄今为止抗性最强、抗谱最广的白粉病抗源。同时，刘大钧带领团队加强分子遗传学、细胞工程研究，为下一步开展基因工程研究创造了条件。

刘大钧（左）陪同中国生物技术发展中心主任丁勇（右）
参观南农江浦农场小麦试验站（2001年）

从国际基因工程技术的发展趋势来说，欧美育种专家已成功克

---

① 1996年3月至1999年3月，丁勇担任中国生物技术发展中心主任，该机构是1983年11月3日经国务院批准成立的，直属科学技术部，主要负责参与有关生物技术政策的制定，承担生物技术领域科技项目和生物资源的管理，促进信息交流、产业发展和国际合作等工作。

隆出20多个植物抗病基因，他们的成功经验可供借鉴。在此背景下，刘大钧科研团队必须紧跟国际形势，进一步加强基因工程育种研究，尽快分离、克隆出具有中国知识产权的*Pm21*基因。

20世纪90年代初，分子生物学技术方兴未艾，相关研究快速发展，南京农业大学在这方面的起步相对较晚，为了紧跟国际科技发展潮流，刘大钧着手筹建分子生物学研究实验室，安排1991年招收的博士研究生李万隆和方中达[①]教授的博士生李全义以及吴琴生、齐莉莉等一起，因陋就简筹建分子生物学实验室。为拓展科研团队和研究生的学术视野，刘大钧积极邀请英美等国的分子生物学专家来校讲学，举办分子生物学技术讲习班。这些举措在科研团队进军分子生物学的起步阶段发挥了重要作用，期间他又鼓励大家向国内外相关实验室学习，开展分子标记开发和分子标记辅助选择、抗病基因克隆等方面的合作研究，边学习边发展。1998年，刘大钧带领研团队成功申报国家高新技术研究计划，即"863"项目抗白粉病基因*Pm21*分离、克隆的研究，正式开始了抗白粉病基因的克隆研究。

2000年，刘大钧科研团队与北京大学植物基因工程国家重点实验室顾红雅[②]教授、华南农业大学遗传工程试验室刘耀光[③]教授和中

---

① 方中达（1916—1999年），江苏武进人，植物病理学家，农业教育家。1940年毕业于金陵大学农林生物系，1940—1945年任清华大学农业研究所助教，1945—1948年在美国威斯康星大学研究院专攻植物病理学，获博士学位。历任金陵大学农学院教授、南京农学院教授、江苏农学院教授、南京农业大学教授。专长于植物病原细菌学，曾先后发现水稻细菌性条斑病等6种植物病原细菌新种，在国际学术领域享有很高的声誉。

② 顾红雅（1960—），北京大学生命科学学院教授，博士生导师。1982年毕业于南京大学生物系，1988年获美国华盛顿大学生物系博士学位。长期从事植物系统进化学及植物分子生物学的研究、拟南芥野生居群的遗传多样性及分子适应性的研究、植物基因家族的功能和进化研究。

③ 刘耀光（1954—），广东韶关人，中国科学院院士，植物遗传学家，华南农业大学教授，亚热带农业生物资源保护与利用国家重点实验室副主任。从事植物育性发育的分子遗传和基因工程研究，在水稻细胞质雄性不育与恢复性、杂种不育与亲和性、光温敏不育性等遗传系统的基因克隆和分子作用机理方面进行系统性创新性研究。

国农科院作物遗传育种农业部重点实验室马有志[①]研究员等联合申报，又成功获得科技部转基因专项经费资助，进一步推动了该项目的研究进展。

项目主持人陈佩度总结这段时期的研究工作时感慨地说："从20世纪70年代开始，为将簇毛麦优秀基因引入小麦，同时避免其他不利基因的影响，南京农业大学细胞遗传研究所在著名遗传育种学家刘大钧先生带领下，开始了数十年如一日持之以恒的实验研究。历时近40年，科研团队成功打通了'小麦—簇毛麦远缘新种质创制及其应用'的'上中下游'，为小麦种质创新、粮食增产增收做出突出贡献。"[②]

所谓"上游"是指科研团队提出"双倍体花粉辐射高通量诱导易位和整臂易位系雌配子辐射定向诱导小片段易位系"的技术思路，并创建了相应技术，创造性地解决了小片段中间插入易位系可遇而不可求的技术难题。所谓"中游"是指科研团队创造了一批携有簇毛麦优异性状的新种质，诸如高抗白粉病的、高抗条锈病的小麦种质；所谓"下游"是指我们利用这些新种质与其他育种单位大力协作，选育18个小麦抗病新品种，推广6 000余万亩，取得良好的经济效益。当时，刘大钧科研团队免费提供高抗白粉病和条锈病新种质的单位包括四川内江市农业科学院、河北石家庄市农林科学研究院、西北农林科技大学、江苏省农业科学院里下河农业科学研究所等，他们用这些种质分别育成"内麦8号—内麦11号""石麦14""远中175""扬麦18"等18个小麦抗病新品种[③]。

---

① 马有志（1963—），中国农业科学院作物科学研究所副所长，研究员、博士生导师。农业部遗传育种重点开放实验室常务副主任，创新工程作物转基因技术与应用创新团队首席专家，中国作物学会常务理事，《作物学报》常务编委，2011年入选全国农业科研杰出人才。

② "老科学家学术成长资料采集工程"采集资料，陈佩度访谈，2013年3月29日，南京。资料现存于采集工程数据库。

③ 陈洁、邵刚：《风吹麦穗香满园——记2012年国家技术发明二等奖获得者陈佩度教授团队》，《南京农业大学报》，2013年4月7日。

第|九|章

著名农业教育家

创建遗传实验室

　　1979年，南京农学院原址复校伊始，百废待兴。尽管工作和生活条件非常艰苦，但对于刘大钧来说仿佛迎来了科研之春，经过拨乱反正，学校的教学科研秩序逐步恢复，科研人员也总算有了稳定清静的科研环境。对于遗传育种专业来说，实验室、仪器设备和专业种植场地必不可少，也是开展科研工作的必要支撑，此时刘大钧对于完成科研所急需的基本条件梦寐以求，以致达到了日思夜想的程度，但在当时的条件下建立一个专业实验室谈何容易！南农校史资料记载："文化大革命"前学校共有86个实验室，70年代末南京农学院原址复校后仅恢复一半左右，这种情况导致很多实验课无法正常进行[①]。

　　没有科研条件那就自己创造条件。刘大钧通过仔细观察，发现学校教学主楼三楼有一个废弃不用的公厕，由于位置不佳长期无人使用，于是他以实验用房名义申请这个房间的暂时使用权。申请得到批准后，立即进入装修改造阶段，根据实际情况来看改造并不复杂，窗户、墙壁、地面都比较新，没必要重新装修，只需要拆除掉原来的设施，制作一些简易的架子用于摆放仪器设备。科研团队中王耀南老师在知青下乡期间曾学过木工，他与木工房张忠德师傅个人关系也比较好，两人密切合作，仅用几天的时间就完成实验室的简单改造。

　　谈及这件往事，南京农业大学原副校长王耀南的兴奋之情仍溢

---

　　① 编委会：《南京农业大学发展史·历史卷》，北京：中国农业出版社，2012年，第337页。

于言表：

刘先生一切工作都尊重事实，做人做事讲求实事求是。南京农学院复校的时候，学校被4个单位分别占用，很长时间才相继搬出去，那时学校的教学科研条件非常差，但他已经谋划将小麦作物育种工作向前推进了。学院为遗传组分配了两间办公室，没有实验室，急需一个房间用作专业实验室，主楼三楼走廊北边有一间公厕，平时不怎么使用。刘先生让我想办法把这间厕所改造一下，为科研团队创造一个实验空间，并嘱咐我要正确对待这件事，因为"文化大革命"期间学生都搬走了，这间厕所多年闲置不用，千万不要有什么嫌弃的想法。这座教学主楼是著名建筑学家杨廷宝先生设计的，整体设施都很好，地面是矾石磨光水泥地，只需要放上架子和仪器设备就可以使用。我是知青，在农村生活过多年，回城后还做过木匠。刘先生开玩笑地说："你是小木匠，拿出手艺给我看看，怎么样把这个厕所改造好。"我表态说："这个我可以做好，量好尺寸，怎么样怎么样。"那个时候经费很有限，稍微领点材料，弄一弄，个把月不到，就把一间公厕改造成实验室。

我们的前辈，这些老科学家，尤其是有造诣、有成就的科学家，他们的起步都是不容易的。多年后，我们的细胞遗传研究室迅速发展壮大，在全国农科院校中是最好的、最有实力的研究机构之一。我非常敬仰、敬佩、赞叹刘先生的学术勇气，当时他作为一位副教授，决心要把科研业绩搞出来，利用一切可以利用的条件，细胞遗传研究室从此起航，并逐步走向辉煌[1]。

这个简易的实验室从无到有、从小到大、从弱到强，不断地发展壮大。1985年正式获批"农业部实验室"，定名为"南京农业大学细胞遗传研究室"。1990年，又获批农业部首批重点开放实验室，随着研究队伍和科研实验规模不断扩大，原有的空间已不能满足工

---

[1] "老科学家学术成长资料采集工程"采集资料，王耀南访谈，2013年4月11日，南京。资料现存于采集工程数据库。

作需要，学校将其搬迁到新实验大楼[1]，面积达到250平方米，还配有200平方米的网室、贮藏室和暗室各一个，购置了当时较为先进的试验设备，科研条件得到大幅度改善。

细胞遗传研究室在"六五""七五"期间的研究成果十分突出，其中培育的高产小麦新品种"宁麦3号"曾是70年代后期至80年代初期长江下游淮南麦区主栽品种之一，于1983年获得农牧渔业部技术改进奖一等奖；培育的硬粒小麦—簇毛麦双二倍体在国际上也是首次创制的优质育种材料，于1986年获得农业部科技进步奖三等奖；麦类作物染色体分带电脑图像分析于1991年获得农业部科技进步奖三等奖；用染色体工程选育出的普通小麦—簇毛麦异附加系、代换系，于1992年获得农业部科技进步奖三等奖；籼稻原生质体培养在国际上首先获得成株，于1992年获得国家教委三等奖；南农NCY–Ⅱ细胞融合仪的研制于1990年通过江苏省科委专家鉴定[2]。

1993年，随着科研团队规模继续扩大，报请农业部批准，细胞遗传研究室更名为"南京农业大学细胞遗传研究所"，升级为教育部重点实验室。这个实验室的发展壮大无不渗透着刘大钧的心血与汗水，从一间小厕所改造起步，逐步升级到国家重点实验室，艰苦奋斗的每个日夜和个中滋味令人终身难以忘怀。

在细胞遗传研究室的创建、发展和成长过程中，张守忠始终是科研团队成员，他高度评价刘大钧在这个过程中所发挥的关键作用：

在刘先生的统领下，研究室全体人员既分工又协作。如何分工？每个人负责哪一块都很明确，同时也要配合课题组其他人做好工作。如何协作？因为很多工作密不可分，如果仅有基础应用，别人就看不到你是怎样提高小麦产量的，国内外学术界就看不到你的贡献，如果从抗源的遴选到抗源的利用，再到商业品种的推广，这

---

[1] 现南京农业大学资源与环境科学学院五楼。
[2] 细胞遗传研究所：《细胞遗传研究所》，1993年（内部资料）。

三方面的工作结合起来，大家才能真正体会到我们课题组是做了大量的工作，作出重要贡献的……

刘先生领衔的细胞遗传研究室工作面越来越宽、项目越做越大，后来成立了细胞遗传研究所，研究人员包括刘先生、陈佩度、吴琴生、杨世湖等，共计12个人，其中有7~8个年轻人。当时江浦小麦实验农场仅有10亩地，现在已经有120亩地；过去课题数量少，资助金额也小，现在所有课题的资助额度都比较大，按照刘先生当初的思路，科研团队就是要先做基础研究，然后再做中间应用，最终做商业品种推广①。

翁益群是刘大钧的得意门生之一，现为美国威斯康星大学园艺系研究员，1988年硕士研究生毕业后留校任教，兼任江苏省遗传学会秘书，负责学会的日常工作，当时刘大钧担任江苏省遗传学会理事长、中国遗传学会常务理事兼植物遗传专业委员会主任。1988—1994年，他跟随刘大钧工作，近距离接触，对其学术思想、治学方法和待人接物都有全面的了解。针对刘大钧创建的"细胞遗传研究室"及其推动的作物遗传育种学科国际化发展，翁益群由衷地评价：

20世纪80年代，国外的农业与生命科学研究已深入到分子水平，与之相应的生物技术在作物改良上亦有广泛应用，但国内分子水平上的研究在农业院校遗传育种专业几乎为零。南京农业大学细胞遗传实验室在植物染色体研究方面已处于国内先进水平，但与国外相比仍有相当大的差距。刘先生对国内外研究现状以及国内的差距了如指掌，因此，他不遗余力地拓展实验室的研究思路和研究领域。在实验室建设方面采取"派出去"和"请进来"两条腿走路的方法。一方面选派本校老师到国外先进的作物育种实验室学习国际水平的研究技术，例如染色体分带、分子原位杂交、植物细胞组织

① "老科学家学术成长资料采集工程"采集资料，张守忠访谈，2013年4月27日，南京。资料现存于采集工程数据库。

培养和遗传转化技术等；另一方面也邀请国际学术界知名同行到实验室讲学指导，特别是后者对学校青年教师和研究生拓宽研究思路、开阔国际视野影响非常大。经过多年的努力，到20世纪80年代末，实验室大体形成三个研究方向，即细胞遗传（染色体工程）、生物技术（组织培养遗传转化）和植物分子遗传，研究生招生也从这三个方面展开。

作为南京农业大学校长和学科带头人，刘先生所关心的不仅仅是自己实验室的建设，而是学校整体的发展。20世纪80年代，南京农业大学农学系植物遗传育种专业已蜚声海内外，但从事植物分子遗传研究的人基本没有，学生和老师在这方面的知识也基本停留在教科书上，刘先生十分关心如何改变这一状态。1989—1990年，刘先生通过学校研究生部特别邀请上海农学院许煜泉教授来校讲授植物分子生物学，南京铁道医学院高翼之教授来校讲授分子遗传学，这些讲座面向的是全校相关专业研究生，可以说是当时南农研究生教育的启蒙课程，其影响十分深远。

与很多实验室近亲繁殖不同，刘先生特别鼓励不同领域、不同实验室之间进行交流，不仅是教研组内部如此，而且学校不同专业和学科之间亦如此。当时实验室很多青年教师是从其他单位调来的，刘先生也邀请校内其他实验室教师介绍不同领域的专业知识，例如：兽医系陈傅言教授为大家介绍免疫遗传学基础知识。

刘先生反复强调与国内同行之间交流。当时国内研究植物细胞遗传的实验室有4～5家（中国科学院西北植物研究所李振声院士、东北师范大学郝水院士、南开大学张自立教授和中山大学李宝健教授等）。刘先生要求自己的研究生对各实验室的工作有很好的了解，学习别人的长处。我们的实验室也招收来自国内其他实验室的学生做研究生或进修（例如：东北师大刘宝，西北植物所李万隆等）。细胞遗传实验室与其他实验室有很多的交流合作。我个人印象是当时国内植物细胞遗传学同行之间的关系都比较融洽，没有"学霸"或赢者通吃现象[1]。

1993年，细胞遗传研究所的研究领域拓展为两个方向，一是从细胞、染色体和分子3个水平上研究小麦和亲缘物种的基因组及其起源、进化；二是通过技术手段将外源细胞质、染色体、染色体区段和有用基因向作物品种转移，创新种质资源，为小麦育种提供基础材料。

细胞遗传研究所在国内同行中的影响越来越大。刘先生当了校长后，行政事情比较多，我经常代表他参加一些学术会议，与外面的接触也比较多。这个时期科研团队的研究课题主要围绕小麦新种质创新和原生质培养，课题的构思、研究思路以及立项等工作都是刘先生统一领军和掌管[2]。

随着细胞遗传研究所规模持续扩大，分设了细胞遗传室、细胞工程室和分子遗传室，相互之间分工明确、相互协作。20世纪90年代中期之前，研究所已承担重大科研项目24项，包括：国家高技术研究发展计划（"863"计划）2项、国家科技攻关项目4项、自然科学基金项目3项、农业部重点项目7项、国家教委项目3项、江苏省科委项目4项、国际合作项目1项。

"十五"计划开始后，刘大钧率领研究所再续辉煌。2001年9月，以南京农业大学作物遗传与特异种质创新教育部重点开放实验室、国家大豆改良中心以及作物遗传育种、蔬菜学和植物营养三个国家重点学科为依托建立的作物遗传与种质创新国家重点实验室通过专家论证，同年10月经科技部批准建设，2003年8月通过科技部组织的专家验收，2006年5月该实验室以良好的成绩通过科技部组

---

① 李群：《此生只为麦穗忙——刘大钧传》，上海：上海交通大学出版社，2015年12月，第215–217页。

② "老科学家学术成长资料采集工程"采集资料，陈佩度访谈，2013年3月29日，南京。资料现存于采集工程数据库。

织的专家组评估。这是南京农业大学建校历史上首个国家级重点实验室，细胞遗传研究所是这个国家级重点实验室的重要组成部分①。

从植物育种个体水平、细胞水平到分子水平不同手段的运用，从遗传理论和育种技术的迭代发展，刘大钧、陈佩度和王秀娥领衔的三代育种工作者一脉传承。重点实验室的建设、推动人才队伍发展和研究生培养都上了一个新台阶，这些成就的取得与刘大钧息息相关，深刻影响至今仍然存在。

刘大钧（第一排右五）与实验室全体师生合影（2004年）

① 该实验室以水稻、小麦、棉花、大豆、蔬菜（不结球白菜、萝卜、黄瓜）、梨等作物为主要研究对象，以种质资源的遗传基础与创新、育种目标性状的基因与基因组分析、作物育种新方法和新品种选育为研究方向，结合实验室的研究特点和基础，瞄准学科前沿，在作物遗传与种质创新领域开展了卓有成效的科学研究。实验室现有固定研究人员86名，其中中国工程院院士2名、国家杰出青年科学基金获得者3名、"新世纪百千万人才工程"国家级人选5名、"973"首席科学家1名、国家产业技术体系岗位科学家8名（首席科学家1名）、教育部跨（新）世纪优秀人才培养计划获得者14名。"十一五"以来，实验室已承担国家"973"项目、"863"计划、转基因生物新品种培育重大专项、国家自然科学基金重大、重点项目等各类项目544项，项目总经费5.5亿元；获得国家科技进步奖一等奖1项、国家技术发明奖二等奖1项、国家科技进步奖二等奖2项、省（部）级奖17项；获批品种权12项，获批发明专利92项；主编或参编国内外论著18部，在国内外学术刊物上发表论文1 615篇；培养博士后、博士研究生、硕士研究生近千名。

开设遗传新课程

刘大钧从美国访学回来后，立即为遗传育种专业研究生开设了细胞遗传学专业课程，这门课程具有相当超前的意识。王秀娥师从刘大钧教授多年，连续攻读了硕士学位和博士学位，她对导师开设的课程如数家珍："刘大钧先生最早翻译荷兰瓦赫宁根大学丁·赛本哈教授1972年所著《普通细胞遗传学》，在校内作为主要参考书供学生使用；后来组织实验室部分研究生一起翻译了美国丁·舒尔茨·谢弗（J.Schulz-Schaeffer）1980年出版的《细胞遗传学—植物、动物、人类》作为早期教材广泛使用。"[1]

现为美国农业部作物研究署蔬菜研究中心瓜类遗传育种研究室主任、威斯康星大学麦迪逊分校翁益群教授曾参与过刘先生主讲课程细胞遗传学的教材编译工作，回忆起当年刘大钧对自己的悉心指导，至今仍时常感念："当年暑假我留校学习期间，与刘先生有了直接交流的机会，他正在组织翻译国外的《细胞遗传学》作为教科书，急需找一个人帮助校稿。我有幸作为勤工俭学本科生被选中，令我既高兴又激动，大概是初生牛犊不怕虎，我把刘先生的译稿做了很多主观的改动，其中很多内容由于对英文理解不到位，把正确的改错了。刘先生看到以后并未指责我，相反很耐心地给我指出理解不准确之处，这是第一次聆听刘先生的教诲。除了对刘先生的严谨治学态度愈加景仰外，他对我这样一个本科学生所表现出来的耐

① "老科学家学术成长资料采集工程"采集资料，王秀娥访谈，2013年4月16日，南京，资料存于采集工程数据库。

心和关怀也让我心怀敬意。"①

对于刘大钧开设的细胞遗传学课程，吴琴生至今印象深刻，"刘先生从美国访学回来后就开设了这门课程，也是国内第一个开这门课的，我跟着他上课，做了一些笔记，参与他与学生的讨论，我能感觉到学生对这门课非常感兴趣。他告诉学生'你要学这个，就要爱这个，你不感兴趣我这个课，硬把你拉到感兴趣是不可能的，只有你感兴趣我的课才能学好，就像找对象一样，情人眼里出西施。'这是他的一种方式，大家学的都很有兴趣……我的研究生学位论文是《小麦抗白粉病的遗传育种》，就是学这方面的，当时学习的一些资料，成捆的资料，我们也不懂，都是由刘先生来教我们，如何看文献、如何看论文、如何翻译、如何写论文，他把相关育种材料都交给我们，然后教我们怎么做，我们都是在他的具体指导下去做，结合国外先进的、高水平的细胞遗传学科研成果，我们的进步速度非常快。"②

20世纪70年代末至80年代初，细胞遗传学理论在国内迅速传播开来，这个阶段刘大钧招收了一批研究生，包括杨世湖、吴琴生、陈天佑、陈文品、吴沛良、颜旸、齐莉莉、蒋继明、蔡习文和翁益群等。80—90年代，刘大钧率领科研团队和自己的研究生引进并开发植物染色体及染色体片段鉴定技术，多次举办全国性植物染色体分带、分子原位杂交讲习班，对国内细胞遗传学研究起到了很好的推动作用。

1999年，刘大钧主编的全国农业高等院校教材《细胞遗传学》出版，至今仍作为主要教材使用。

---

① 李群：《此生只为麦穗忙——刘大钧传》，上海：上海交通大学出版社，2015年12月，第212-220页。

② "老科学家学术成长资料采集工程"采集资料，吴琴生访谈，2013年5月17日，南京，资料存于采集工程数据库。

毕生心血注杏坛

对于研究生专业技能、专业精神和专业追求的培养，刘大钧制定的标准十分高。在作物遗传育种研究室创办初期，他所培养的研究生都经过严格的专业训练，其中包括陈佩度、吴琴生、杨世湖和陈天佑等，后来都成为国内著名的作物育种专家，专业水平在国内属于一流的，他们在攻读研究生的时候非常敬畏自己的导师。初创时期的实验室并不大，起步的时候曾是利用学校主楼的一个公厕改造而成，后来搬到了学校实验楼五楼，工作条件才有了很大的改善，但刘大钧特别珍惜这样的实验条件，因为这个时期办公用房并不多，也就几间教室，其中还用于本科教学、研究生教学。虽然实验室比较小，但设备布置和仪器摆放整齐有序、非常洁净，这也是留给所有南农师生和国内外同行的共同印象。所有的物品都是有板有眼、干干净净、整整齐齐，这是刘大钧的一个习惯，不管在生活中，还是工作中，他的物品摆放永远都是这样的。

刘大钧指导的研究生都很用功，一年中很少回家，原因之一是生物学试验靠天吃饭，抓住季节很重要。如小麦生长，正常头年10月播种，第二年6月上中旬才能收获，所以半年的时间才收集一季的数据。那怎么办？当时学校大学生宿舍旁有个温室，可以加种一代，到春节的时候，正是麦子开花抽穗时期，也是取样的时候，所以研究生们都甘愿错过春节回家探亲机会。作为研究生导师，刘大钧对学生提出一定的要求，也正是因为这种严格的培养原则，所以才培养出来这么多优秀的学生。据不完全统计，刘大钧的学生至少有2/3在国外工作，他们都拥有自己的实验室，有自己的独立科研团队，在国内的学生也都做得非常好。"严师出高徒"这句话得到了很好的验证，在很多学生的心目中，刘大钧既是一位严师，也是一位慈祥的老师，这种感觉令人终生难忘。

刘大钧之所以取得如此辉煌成就，源自他的学术风格和高尚人品。这些无形的精神财富不仅属于"南农人"，而且属于从事科学研究的每位学者，时刻激励后学奋进前行，使"不忘初心、方得始终，牢记使命、砥砺前行"的家国情怀融入每个人灵魂深处。他在教学和科研工作中体现出站位高、视野广的优秀品质，这些独特的风格和气质无形之中传承给自己的学生，使他们终身受益。这种学术精神内涵丰富、意蕴深远，值得铭记。

高瞻远瞩，勇争一流。南京农业大学是中国高等农业教育的发祥地之一，刘大钧在金陵大学求学期间，有幸师从靳自重、王绶等著名农学家，毕业后留校任教；年轻时又远赴苏联莫斯科季米里亚捷夫农学院攻读研究生并获副博士学位，换句话说，刘大钧在学术研究起步之初就站位高，这也使他在后半生的科研工作中保持高瞻远瞩的品质，时刻具备向学术顶峰冲刺的能力。以小麦辐射育种实验为例，刘大钧在苏联留学毕业回国前夕，参加了季米里亚捷夫农学院为期两个月的原子能农业利用技术学习班，通过系统学习不仅掌握了原子能辐射诱变育种技术，而且敏锐地意识到该技术将给中国作物育种带来新的变化。尽管当时在国内核辐射育种起步晚，极度缺少实验设备和技术人员，但他始终坚信辐射诱变育种技术将对国家经济建设发挥重要作用。在南农小麦品种研究室成立后，他与遗传组的同事相互配合，创造条件进行辐射育种研究，克服了重重困难，选育出高产小麦新品种"宁麦3号"，为中国南方小麦大面积增产增收作出了重要的贡献。

刘大钧在细胞遗传学研究领域也是高起点、高站位。20世纪80年代初，刘大钧领衔的科研团队已处于国内小麦细胞遗传学研究的第一梯队，作为这个科研领域的领军人物，基于自身的学术敏感性，对国内外学术动态进行深度分析，指出小麦遗传育种深入到分子层次是必然趋势；因此，他以一往无前的创新精神，率领科研团队向分子遗传育种学领域进军。对于任何一个科研团队而言，面对全新的研究领域、从零开始都是一种严峻的挑战，刘大钧科研团队不仅从零开始学习，而且还要投入更多的时间与精力，经过数十年如一日的努力，科研团队用事实再次证明了刘大钧的高瞻远瞩。20世纪末，国内很多高校和科研机构开始转向分子遗传学研究领域，"分子遗传学"研究在国内迅速流行起来；此时作为国内较早启动分子遗传学研究的刘大钧科研团队，比其他兄弟院校领先10～20年，处于国内该学科发展的第一梯队。

赶超国际先进水平是刘大钧作为国内遗传育种领军人物的又一个高瞻远瞩决策。1980年，他已年届54岁，仍远赴美国密苏里大学E. R. Sears实验室访学，该实验室是这一领域国际水平最高的。在系统学习一年后，刘大钧熟练地掌握了染色体配对分析技术和染色体分带技术，这些先进的技术对科研团队创新科研成果发挥了关键的作用。

1985年，刘大钧选派科研团队骨干成员吴琴生出国访学，他对吴琴生说："我不派你去美国，而是去英国，就是想让你学到与众不同的技术。"当时刘大钧认为英国是世界上生物技术水平最高的国家之一，洛桑实验站作为全球最著名的农业研究站，拥有"现代农业科学发源地"之美誉，代表了英国乃至世界最顶尖的生物技术水平。事实也证明了刘大钧的判断，吴琴生在英国洛桑试验站学习3年，掌握了很多先进的生物技术，是世界上首位培养出小麦原生质体绿苗的学者。1987年，吴琴生回国后，与刘大钧共同成功申请到国家"863"项目，这是南京农业大学首次获得此类项目。

瞄准目标，锲而不舍。刘大钧在长达半个世纪的科研工作中，始终保持了锲而不舍的专业精神，围绕一个既定目标，率领科研团队全身心投入。20世纪60年代初，刘大钧决定专攻小麦遗传育种，那时正值国家困难时期，科研条件非常艰苦，既没有科研仪器设备，也没有科研助手和研究人员，但他想尽一切办法创造条件开展科研工作。1964年，中国农业科学院和南京农学院联合成立小麦品种研究室，刘大钧被聘为遗传组组长，并结识了一批志同道合的同事，与他们密切合作，他们中的很多人后来都成为科研团队的骨干力量。江苏省农科所原子能研究室的成立，为刘大钧开展核辐射诱变育种提供了技术保障，也为科研团队选育新品种创造了条件。

1966年，"文化大革命"爆发后，人人自危而无心科研，学校的教学科研工作几乎停滞，但此时刘大钧心无旁骛，抓紧一切时间坚持自己的科研工作。1968年，他与小麦品种研究室的同事们利用意大利ST1472/506小麦干种子进行核辐射育种试验，历经3年的试验选择，在1971年决选出"南农701"突变系；1975年，"南农701"被正式定名为"宁麦3号"。从开展核辐射育种研究到"宁麦3号"的正式命名，这10年期间刘大钧投入了无数的精力与心血，以锲而不舍的精神，板凳甘坐十年冷的毅力，不断攻克遗传育种研究过程中的道道难题，创造性改善科研团队的实验条件，最终获得了成功。在首战告捷后，刘大钧科研团队一鼓作气，迅速调整研究方向，针对小麦抗白粉病和抗赤霉病开展研究。从1977年开始，在远缘杂交、细胞遗传学、分子遗传学等领域耕耘不辍，关注小麦抗病研究长达数十年之久。刘大钧的得力科研助手陈佩度回忆："刘先生搞研究有个想法，那就是只要认准一个方向，不会轻易去改变，他经常这样教导自己的学生，我们从中受益匪浅。"[1]

勤奋刻苦，敢于创新。刘大钧的家人和南农所有师生对他的共同评价是勤奋。在金陵大学求学期间，由于勤奋刻苦、成绩优异

---

[1] "老科学家学术成长资料采集工程"采集资料，陈佩度访谈，2013年3月29日，南京。资料现存于采集工程数据库。

被著名农学家靳自重教授器重，毕业后留校任教。1955年，刘大钧由于工作表现突出，被选派前往苏联莫斯科季米里亚捷夫农学院学习进修，期间由于勤奋刻苦、成绩优秀被转为正式研究生，开始攻读副博士学位；在苏联进修和攻读研究生的5年期间，刘大钧不仅做了大量的读书笔记和课堂笔记，而且还发表了多篇高水平学术论文，顺利获得副博士学位，为以后从事作物遗传育种研究奠定了坚实的基础。

1960年，刘大钧学成归国后，全身心投入到教学和科研工作中，任何艰难困苦都没能阻挠他的学习热情。无论是20世纪60年代的困难时期、70年代的"文化大革命"时期，还是80年代担任校领导期间，繁忙的工作之余从未忘记学习。据他的夫人陆家云教授回忆："在担任南农校长期间，经常是下班回家吃饭后，立刻火急火燎地赶回学校，等他再次披星戴月回到家中时，所有的家人早已熟睡多时。"[1]王秀娥在回忆恩师时也经常说："刘先生在担任校长期间，公务特别繁忙，但仍然坚持每天阅读国外文献，密切关注本领域前沿技术，在他的办公桌上总有一沓最新的国外文献。他时常教导自己的学生要勤看书、多读文献，在学生们的心目中，刘先生的勤奋刻苦永远是学习的榜样。"

刘大钧深知创新是科学研究的根本所在，缺乏创新性，科研工作将变得毫无价值。他经常教导自己的学生，要在科研工作中体现创新性，要敢于尝试他人没有涉足过的研究领域，只有这样才能搞出与众不同的研究成果。他在科研工作总结中多次写道："一个科研团队去研究已有的科研项目，固然会有现成的经验和技术基础作为参考，但这样也只是去模仿别人，走别人走过的路；相反，敢于研究别人没有研究过的东西，那才会让别人跟着我们的步伐走。"在这个原则的指导下，刘大钧科研团队的大多数研究成果都具有独创性，

---

① "老科学家学术成长资料采集工程"采集资料，陆家云访谈，2013年4月3日，南京，资料存于采集工程数据库。

其中最突出的业绩就是在小麦抗赤霉病和抗白粉病方面的研究。

甘当人梯，提携后学。在科研团队成长过程中，刘大钧前瞻性地培养自己的接班人，即科研团队新的领军人才，为团队的长期发展奠定了坚实的基础。1995年，美国McKnight基金会推出一项"作物科学研究计划"，支持发展中国家解决食品安全问题，该公司希望发展中国家与经济发达国家结为对子联合申请。这个项目全球发布后，国际组织委员会成员、华中农业大学张启发院士通知了刘大钧科研团队，刘大钧与团队成员商议，"我年纪大了，就以陈佩度的名义申请。"[①]因为要结成对子合作开展研究，陈佩度曾到美国堪萨斯州立大学访学两次，与美方专家比较熟悉，尤其是Bikram S. Gill教授科研团队实力非常强，当时美国中西部和北部地区爆发了小麦赤霉病，这些地区原本没有什么抗源，赤霉病大爆发后损失很重。南农科研团队申请的项目是"小麦抗赤霉病的种质创新、转移、鉴定以及利用"，因为研究基础比较好，在全球400多份项目申请书中，中国仅获批2项，其中有南农1项。该项目整整研究了10年，总计获得近300万美元经费资助，在当时国内科研经费有限的状况下，对解决科研团队长期经费不足问题起了相当大作用。

通过这个国际项目，细胞遗传研究室的多名研究人员前往美国堪萨斯州立大学Bikram S. Gill教授实验室进修，包括齐莉莉、李万隆、陈文品、王苏玲、王秀娥、周波、张守忠等，为国内外培养了大量的作物育种专业人才。此外，科研团队利用这笔项目经费购买了大量仪器和试剂，那个时期实验试剂供应极其困难，团队成员在进修回国前都要从美国购买一批酶试剂，用干冰保护直接带回来，一次购买1万美元左右的试剂，回国后可以发挥10余万元作用；而国内购买酶不仅需要预订，而且一般是半年以后才能到货，这种便

---

① "老科学家学术成长资料采集工程"采集资料，陈佩度访谈，2013年3月29日，南京。资料现存于采集工程数据库。

利的条件促进了实验室实验水平的大幅度提升。

2000年底，刘大钧科研团队正在紧锣密鼓地准备麦氏基金二期项目验收工作，此时美国麦氏基金管理委员会公布了作物合作项目第三期计划。根据常规惯例，麦氏基金资助的科研团队最多连续两期即终止，能否申请到第三期麦氏基金项目，刘大钧确实心里没底，但经过多次缜密研究后，他与陈佩度决定再次申报，并以陈佩度和马正强担任项目联合主持人。

陈佩度长期与刘大钧合作，从事小麦遗传育种研究工作40多年，是著名的分子细胞遗传学家、小麦育种专家，主持完成国家"863"项目、国家自然科学基金等多个国家级科研项目。马正强教授当时是教育部优秀青年教师、跨世纪优秀人才培养计划获得者、国家7部委首批新世纪百千万人才工程国家级人选，主持过多项重大科研项目。大多数团队成员参加过麦氏基金前两期项目和其他国家级重大科研项目，骨干研究力量可谓学术精深、实力雄厚，都是独当一面的科研精英，麦氏基金第三期项目申报团队无论人才专业结构，还是梯队年龄层次都相当合理，可谓是完美的组合。

参加麦氏基金作物育种研究计划工作会议期间
中方主持人合影留念（左二起：刘大钧、陈佩度、马正强）

2001年5月，陈佩度、刘大钧、马正强三位教授联合申报麦氏基金作物合作项目第三期"深入探究和进一步利用小麦抗赤霉病基因"成功获得资助，这在麦氏基金历史上是极为罕见的，一个科研团队能够连续三次获得资助，不仅充分证明刘大钧科研团队雄厚的研究实力，而且展现了领头人高屋建瓴、举贤任能的优秀品质。

严师慈父双角色

从事自然科学研究需要严谨的科研作风，容不得半点虚假和马虎。刘大钧不仅以身作则、勤奋刻苦、勇于探索，而且也要求自己的学生尽可能做到。刘大钧培养的学生在各自工作单位个个都是科研骨干，其中不少人具有较高知名度和影响力，但每每提及自己的恩师时，无不饱含敬佩和感激之情。

很多人都说，我们组里①的学生是最苦的，经常要到江浦去，刘先生也整天晒着太阳到田里去，这不要说当时，一直到他身体不好了，只要能去他还是一直亲自去田间走的，我们的陈佩度老师也继承了他这一点……

刘先生在担任校长期间，稍有空闲就和我们出游，或者到实验室来看看。他经常教育我们做事一定要精益求精，这是他一贯的作风，并不断地鼓励我们、指导我们做好，不忙的时候就到实验室来看压片子②。他经常说学习这种技术，就像过去徒弟跟师傅学手艺一样，通过细胞遗传学方法你要看到染色体不是一件容易的事，就是我不可能完全教你，你自己要慢慢去体会，过去师傅教徒弟也不全

① 指遗传组——编者注。
② 指染色体压片——编者注。

教的，需要学生自己去领会，这叫做"只可意会不可言传"，他说你看看我的手，这个大拇指经常压片子，压了多年的片子，大拇指比别人要宽一点点，经常做染色体压片的学生手指也宽一点。细胞遗传像艺术，既是一种科技又是一种艺术，叫"技艺"，它是凭自己体会的。刘先生经常到实验室来指导，没有停止过搞科研，这个实验室总体方向把握得很好[①]。

刘大钧在教书育人过程中，对学生的严格要求全校出名，但凡学生由于不严谨导致的错误，都会遭到严厉的批评。他对每名学生的实验计划、实验设计和统计分析等都有一些具体要求，对学术论文、课题申报书等在正式提交前基本上都是逐字逐句提出修改意见。实验室的很多学术论文是投给英文杂志的，刘大钧的英语水平很高，对英文的语法、造句颇为讲究，总是要认真推敲，那时没有互联网，大多数时候他都要亲自查字典核实某个英文单词的用法以求准确。在他的严格要求下，学生们都养成了细心、严谨的学术态度，具备了扎实的科研功底，对专业发展起了很大的作用。他始终认为，严格要求学生还是不够的，更为重要的是激发他们的学习积极性，鼓励他们积极进行学术探索。刘大钧经常说："培养出高质量人才的教师应该受到尊敬，而培养出超过自己的教师更值得推崇。"

刘大钧科研团队在遗传育种领域取得重大的科研成果，研究水平在国内是领先的，但他为人一向低调，从来不愿意宣扬自己，这也是有关他的传记、个人资料极少的主要原因。与刘大钧一起留学苏联的张耀栋教授回忆："我们在苏联进修的时候，他就像大哥哥一样，经常关心我的学习。回国后我们保持联系，个人之间的关系很好。后来，他担任了南农校长，但在我们面前从来没有摆出校长的架子，为人特别低调，平易近人。"

随着刘大钧科研团队不断发展壮大，所承担的科研项目越来

---

① "老科学家学术成长资料采集工程"采集资料，吴琴生访谈，2013年5月17日，南京，资料存于采集工程数据库。

多，他也越来越忙，尤其是担任南农校长以后，经常加班加点、披星戴月地工作；但从来没有放松对学生的专业指导，每周一次的研讨课从不缺席，即使在最忙的时候，也会抽时间与学生定期讨论交流，听取同学们在学业和生活上的想法。每届学生毕业之前，他都会组织全体毕业生去栖霞山、中山陵、紫霞湖、珍珠泉等地郊游、野餐，并能准确记住每位研究生的生日，每当发现学生在生活上有困难，都会想方设法帮助解决。

刘大钧关心爱护学生胜似家人，张守忠对此颇有感触。

刘先生关心团队中的每个年轻人，整个学校其他课题组的年轻人都是很羡慕的。从我工作开始，基本上每年春秋两季大家都要出去活动一下，不要花很多钱，譬如说刘先生带着我们开展登山运动，包括紫霞湖和栖霞山。当时条件比较艰苦，大家都骑自行车去，刘先生和我们一起骑自行车，课题组充满了凝聚力，我们组的年轻人与刘先生相处融洽，特别是坐下来谈心的时候，大家都敞开心扉。他在工作中对大家要求很严格，这是所有人公认的，但平时生活中又很关心年轻人，就像一位慈祥的老人。

当时组内很多年轻教师的爱人不在南农工作，包括吴琴生和杨世湖，刘先生利用各种机会解决他们家属的工作问题和小孩上学问题，解决了这些困难，年轻教师才会心无旁骛、全身心地投入工作。作物遗传育种研究室当时有12位老师，其中有5位老师的家属问题是在刘先生的过问下解决的，既没有突破政策范围，又可以让这些老师全身心投入工作，体现了刘先生的高情商，作为校长和优秀管理者，刘先生很好地把握了怎样在政策范围内，更好更多地关心年轻人。①

吴琴生不仅感激恩师在事业上的指导，而且还特别感激他对自己家庭的关照，经常说："刘先生对我们的个人生活非常关心，因为在那个年代里有很多的困难，譬如：对我自己来说，我在南农读

---

① "老科学家学术成长资料采集工程"采集资料，张守忠访谈，2013年4月27日，南京，资料存于采集工程数据库。

书工作，夫人和孩子都在老家那边，在刘先生的关心下都调过来了，另外我的师弟杨世湖一家子也都调过来，刘先生都做了很好的安排。这个师父既是老师又像父亲，把你视为家人，完全是没有任何的保留，帮助你解决所有的个人问题，你只要一心往前冲、干好工作就行。当时调动一个人非常不容易，很难的，过去房子也没有，他都会尽量安排好。"①

黄俐是美国蒙塔纳州立大学教授，著名小麦遗传学家，主要从事植物分子遗传学和功能基因组学研究，在小麦抗条锈病基因 *Lr21* 的克隆及分子特征研究、小麦抗病基因的功能鉴定等方面进行了开创性研究工作。在获得博士学位后，她在第一时间写信告诉刘大钧："我是今年4月23日答辩的，5月17日参加毕业典礼。五年多了，总算获得了这个博士学位。回想起在 Bikram S. Gill 实验室的这些日子，真是上下起伏的感觉，在答辩最后致谢的时候，我情绪非常激动，参加我答辩仪式的人非常多，坐的站的满满一屋子，当我完成35分钟的答辩陈述后，五年多时间的上下起伏就像一幅幅画面呈现在我眼前，那一刻我比任何时候都强烈地感觉到，如果没有众多的师长，尤其像您一样的老师，没有身边的同事以及所有朋友的帮助，不可能完成自己的学业，一种强烈的发自内心的感激不仅让我哭了，而且在座的大多数旁听者也哭了。我终于在这个章节打上了一个句号，是您把我推荐给 Moshe②，又是您在我人生最低谷的时候伸出援手，我从来没有觉得自己很优秀，但我一直很努力，不想让极力推荐我的人失去面子。刘先生，谢谢您一直看重我，毕业后把我留在您身边工作，不仅在学业上、为人处世的各个方面关心和指导我，而且在我处于困境时多次帮我渡过难关。我感到非常幸运的是，在我的人生经历中有像您这样的师长陪伴。"

---

① "老科学家学术成长资料采集工程"采集资料，吴琴生访谈，2013年5月17日，南京，资料存于采集工程数据库。

② Moshe Feldman：以色列 Weizmann 科学院著名的小麦进化、遗传育种学家。

刘大钧的每位毕业生都能如数家珍地回忆起很多事情，86级硕士研究生张杭回忆：

有一年冬天，我生病住院，刘先生嘱咐师兄弟师妹们轮流照顾我，并妥善安排我的课业。在我的情绪处于低谷时，刘先生给予我极大的关爱和鼓励，他的恩德我终生铭记。

那时我们专业师兄师妹三届同窗约有10人，刘大钧先生嘱咐但凡同学毕业，必要骑车远足、郊游野餐以表送行。食物准备主要以师姐师妹为主，师兄师弟则主要勘察路线、准备相机胶卷和维修自行车的工具等。目的地大体是栖霞山、中山陵、紫霞湖、珍珠泉等名胜，这时刘大钧先生会放下严肃的面孔，穿着运动装，骑着一辆令所有同学眼馋的变速车，与我们打成一片，共享师生情谊，登坡时还主动与弟子们展开竞赛。妙的是有一次去中山植物园，我们为了抄近道，先生竟骑车带着我们从廖仲恺陵墓附近的铁丝网洞开处钻进去，令同学们深感意外，天晓得他是怎么知道的。

刘先生知识渊博，文学功底深厚，游玩的路上会对沿途的花草树木点评一番，亦有诸多天文地理趣事，一次走在紫金山的坡道上，刘先生突然指着带刺的铁丝网问大家，你们谁知道铁丝网是哪两种动物杂交的后代？众人皆愕然，深知刘大钧先生幽默，谜底竟然是刺猬与蛇！

刘大钧先生是出了名的"西化"，他的英语发音是美式的，俄语亦能讲不少方言，经常令来访外宾惊讶不已。我们到他的家中拜访，先生待客的最高礼遇是用俄罗斯朋友赠送的咖啡壶亲自煮咖啡，并打开酒柜取出洋酒请客人品尝，还会端出自己亲手制作的草莓冰激凌；这时，他就会细数哪瓶酒是哪位弟子从哪个国家带回来的，自豪之情，溢于言表。

刘大钧先生深爱自己的学生，在他的书橱上除了摆放儿孙们的照片外，全是弟子们从天南海北寄来的贺卡和照片。一年春节我去看望他，顺便带去我发表在刊物和报纸上的摄影习作向他汇报，先生大为高兴，出乎我意料的是，他取出当年在美国做访问学者时购买的一套CANON高级相机赠送给我，叮嘱我用心拍摄。这套相机后来配了70～200毫米的长焦镜头，陪伴我10余年，摄景无数，怡情无尽。

刘大钧先生的弟子中，我和师兄吴沛良后来在政府机关工作，少了与先生的学术联系，也少了聆听先生教诲的机会，他时常挂记我们。一年，机关分得新居，刘大钧先生与师母专程来看望吴师兄与我，还带来了很多礼物。先生知我那时一直拥有出国留学梦，专门帮我联系了美国一所大学攻读博士学位，并兼做助理教授，但很遗憾由于主观原因没能去成。先生爱弟子，还体现在他甘为人梯，鼎力帮助弟子成功。他常说："我以学生为荣"。我当年的同窗大多数留学海外，学有所成，令外系和其他学科的同学羡慕不已[①]。

翁益群特别崇拜恩师的儒雅风范和处世风格，时常以刘大钧作为自己人生的榜样，多年以后谈起自己的老师，仍然充满敬佩和感激之情：

我在南农做学生时，对刘先生有一种敬畏但未必可亲的感觉，工作以后和他接触的机会多了，才认识到刘先生实际上是一位极其平易近人的老师，他并不会因为自己资历深、年龄长、地位高而摆架子、讲排场。在教研组内所有的人都以老师相称，实验室内一些集体活动，诸如春游、迎送新老学生茶话会等，他都会尽量参加。刘先生对年轻人的关心和培养在学校里广为人知，但他不是无原则的"老好人"，在业务上对年轻老师和学生们要求严格，但生活中却扮演了一个慈父的角色。无论哪个学生在生活上有了困难、在工作中遇到挫折都愿意向刘先生寻求帮助和指导，这种帮助有时会在他们的人生中起到关键的作用，相信刘先生的很多弟子都有过这样

① 李群：《此生只为麦穗忙——刘大钧传》，上海：上海交通大学出版社，2015年12月，第209-211页。

的体会。1993年，我结婚时，刘先生和师母陆家云代表我的父母出席婚礼庆祝仪式，他为我结婚提供了诸多的帮助，这使我们夫妻终生难忘。

刘先生的为人涵养极深，待人接物有君子之风，穿着谈吐亦有艺术家气质。与刘先生共事多年，仅仅看到他发火一次，原因是一位老师想把国外进口的一台正在使用的培养箱拆开来研究内部结构。实际上刘先生是一个比较幽默的人，也是一个性情中人，比如有一次他很早就到办公室，呵欠连连，问之，他说今天一大早你们陆老师（师母）看到卫生间的灯没有关，估计是刘老师昨晚忘记关了，一定要他马上起床去关，因此起早了，没睡好，大家听后不觉莞尔。

刘先生担任学校行政领导近10年，这个时期是他的实验室发展最快的阶段，但以我的观察，这两者之间并没有什么必然联系。实际上，刘先生把学校与实验室的事分得特别清楚，在教研组内我不记得他谈过任何关于学校有关他校长职责的事。刘先生为人生活俭朴，不讲求奢华，在教研组的办公室大概有10平方米左右，里面仅放1张办公桌、2把椅子和1个书柜而已（后来增加了一台电脑），他并没有用校长的特权去做与校长职责无关的事①。

刘大钧与在国外学习或工作的毕业生始终保持着密切的联系，以相互邮寄信件的方式，了解和关心他们的学习、工作和生活情况。在他身边工作30多年的王苏玲老师说："在刘先生领导下工作，是件非常开心的事，他总能让你有一种自觉工作、积极工作、努力向上的热情，再辛苦也不感觉到累。"

王秀娥是刘大钧的硕士研究生和博士研究生，也是南京农业大学作物遗传育种团队的第三代领军人物，她对自己的导师始终保持着浓浓的感恩之情，"2012年，南京农业大学校庆之后，农学院专

---

① 李群：《此生只为麦穗忙——刘大钧传》，上海：上海交通大学出版社，2015年12月，第218页。

门举办了一次'庆祝细胞遗传研究所成立20周年'活动，借助校庆校友都返回学校的机会，回顾细胞所发展历史、交流个人科研成果和人生阅历，来自世界各地的40多位学者返校，没有回来的校友也发来E-mail，分享他们的照片和工作经历。校友们参观了新搬迁的实验室，与在读学生座谈，这对本科生和研究生触动很大，油然而生一种自豪感。这些校友中有世界知名科学家，也有企业家和政府领导，他们在各自的工作岗位上业绩突出，都在脚踏实地做事业。86岁高龄的刘先生和师母（陆家云教授）专程过来共进晚餐，他们已经6年没有走出家门参加类似活动，大家都非常激动，很多人眼泪夺眶而出。我们有多位老师，包括陈佩度老师、吴琴生老师、吴沛良主任等分享了读研时候的很多趣事，通过多媒体PPT共同欣赏回忆了一些老照片，场面非常感人。可以这样说，南农细胞遗传研究所是一个非常有凝聚力的科研团队，在刘先生带领下，经过一代又一代人的不懈努力，不断前行，不断创新，不断发展。海内外的校友们纷纷表示：我们有娘家，这个研究所的发展没有令人失望，拥有一种强烈的归属感。"①

优秀弟子遍天下

　　刘大钧不仅是一位出色的高校领导、遗传育种学家，而且还是成就卓著的农业教育家。他在教书育人、人才培养方面享誉国内外，为中国的作物遗传育种事业培养了一大批高素质专业人才。在他培养的60多名研究生中，10余人受聘海外科研机构，基本都

---

① "老科学家学术成长资料采集工程"采集资料，王秀娥访谈，2013年4月16日，南京。资料现存于采集工程数据库。

在国际著名实验室工作，个个业务精通，他们相互关照、紧密合作，学术界很多人开玩笑说："刘大钧在国外也开设了一个遗传育种研究室"。其中在国内具有代表性的有：陈佩度、王秀娥、马正强、刘宝、黄剑华、裴自友、李锁平、徐利远、杨木军、吴丽芳等。

陈佩度是刘大钧的78级硕士研究生，1981年获硕士学位，1988年获博士学位。现已成为中国著名的小麦分子细胞遗传学家、小麦育种学家，南京农业大学教授、博士生导师。曾任江苏省遗传学会理事长、南京农业大学作物遗传与种质创新国家重点实验室学科带头人，兼任《作物学报》《遗传学报》《遗传》等专业期刊编委，在遗传育种领域耕耘了半个多世纪，长年从事小麦染色体工程、分子细胞遗传、抗病基因的定位与克隆等研究。

陈佩度将核型分析、端体配对和染色体分带技术相结合，使传统的细胞遗传学方法与分子遗传学技术相得益彰，综合应用于外源染色体及其片段和外源基因的转移与鉴定，提高了研究精度和育种效率。先后育成抗白粉病的小麦—簇毛麦、抗赤霉病的小麦—大赖草、小麦—鹅观草异附加系、代换系、易位系，为小麦遗传育种创造了优异新种质。他开展了小麦抗白粉病分子标记辅助育种，培育出含有 $Pm21$ 基因的抗白粉病小麦新品种"南农9918"，参与育成"宁麦3号"小麦新品种，创制携有抗白粉病基因 $Pm21$ 和抗条锈病基因 $Yr26$ 的小麦—簇毛麦 6VS/6AL 易位系，成为我国小麦育种的重要骨干亲本，并培育出40多个小麦新品种，在中国主要麦区推广种植。在《美国科学院院报》《理论及应用遗传学》《中国科学》《科学通报》等国内外著名学术期刊发表高水平论文100多篇；荣获多项国家科技进步奖、国家发明奖、农业部和教育部科技进步奖；荣获"农业部优秀教师"（1985年）、"农业部有突出贡献的中青年专家"（1988年）、"江苏省优秀研究生教师"（1998年）、"国家863计划先进个人"（2001年）、"江苏省优秀科技工作者"（2001年）等荣誉称号。

刘大钧在意大利参加国际小麦遗传学大会期间与弟子们合影（2004年）
（从左至右：陈佩度、刘大钧、蔡习文、马正强）

王秀娥是刘大钧的1990级硕士研究生和1993级博士生研究生，现任南京农业大学农学院副院长、教授、博士生导师，作物遗传与种质创新国家重点实验室常务副主任、农业部华东区作物基因资源与种质创制重点实验室主任、中国—肯尼亚作物分子生物学"一带一路"联合实验室主任、中国遗传学会常务理事兼副秘书长、江苏省遗传学会理事长、江苏省现代农业产业体系岗位科学家，入选农业部杰出人才与创新团队、江苏省"333"工程第二层次培养对象和江苏省六大人才高峰；先后主持完成国家自然科学基金6项、"863"项目3项和国家转基因专项等30余项。王秀娥作为研究骨干还参与了国际重大合作项目2项，主要开展小麦远缘种质创制技术创新、远缘种质育种利用和麦类基因组研究，创制抗白粉病、抗赤霉病、抗黄花叶病小麦新种质，精细定位克隆了小麦抗白粉病基因 $Pm6$、$Pm21$ 和抗黄花叶病基因 $Wss1$、株型穗型基因 $Rht23$ 等；获得科技成果5项，发表论文100多篇，参编教材和学术专著6部，参加育成小麦新品种2个，获新品种保护权2项，申请专利20余项。

马正强是刘大钧的1986级硕士研究生，1994年在美国康奈尔大学获得博士学位；1998年，受聘南京农业大学农学系教授、博士生导师，被评为江苏省普通高等学校优秀青年骨干教师；1999年，荣获霍英东青年教师研究奖类三等奖，入选教育部高等学校骨干教师培养计划；2000年，入选教育部优秀青年教师和跨世纪优秀人才培养计划；2001年9月，受聘教育部"长江学者奖励计划"特聘教授；2003年，被评为全国农业先进工作者，入选国家7部委首批新世纪百千万人才工程国家级人选，国家自然科学基金委员会生命科学部评审专家，国务院学位委员会学科评议组（生物学）成员。马正强主持完成国家杰出青年科学基金1项、联合主持麦氏基金1项、国家自然科学基金重点项目3项、国家自然科学基金国际合作项目2项、国家自然科学基金项目面上项目6项、"973"前期重大专项1项、"973"项目4项、"863"项目3项、转基因专项5项以及省部级、国际合作项目多项。学术论文主要发表在《植物生理》《实验植物学》《蛋白质体学》《遗传学理论与应用》多种SCI顶级期刊上；获发明专利6项，软件著作权1项。

刘宝是刘大钧的1989级博士研究生，东北师范大学教授、博士生导师、植物分子表观遗传学实验室主任。担任国务院学科评议组（生物）成员、中国遗传学会理事、植物遗传学与基因组学专业委员会副主任、中国植物学会常务理事、植物结构与生殖生物学专业委员会副主任、国家自然科学基金会生命学部二审专家、"微进化重大研究计划"专家组成员、吉林省植物学会理事长、吉林省遗传学会副理事长、教育部"长江学者奖励计划"特聘教授。刘宝主要从事植物基因组进化和利用远缘杂交及生物技术进行作物遗传改良的研究，先后承担"国家杰出青年科学基金"、国家自然科学基金（重大、重点、面上）项目、教育部"长江学者与创新团队发展计划"创新团队、国家外专局/教育部学科创新引智计划、国家植物转基因专项、"973"项目等；在植物异源多倍体基因组进化、利用野生稻改良水稻等方面取得了多项重大研究成果，发表学术论文60多篇，其中50多篇发表在本领域国际权威杂志上，研究成果被国际学术界高度认可，多篇专业论文被国际同行广泛引用。

黄剑华是刘大钧的1996级博士研究生，现任上海市农业科学院生物技术所所长、研究员，国务院"政府特殊津贴"获得者；长期从事植物细胞工程技术应用研究，主持完成国家级、上海市重点科研项目12项，申请获得大麦新品种证书7项、国家发明专利1项，在国内外核心期刊发表学术论文50多篇。2003年，率领科研团队在植物单倍体细胞工程育种技术上取得突破性成果，建立了大麦细胞工程育种技术体系，育成"花30""花11""花22"等优良啤酒大麦新品种，其中"花30"系列品种在生产上得到大面积推广种植，成为江浙沪皖的主栽大麦品种，在湖北、河南、福建、云南等地也成为主要种植作物之一，累计栽培1 000多万亩；2004年，该项成果荣获上海市科技进步奖一等奖。

裴自友是刘大钧的2002级博士研究生，现任山西农业大学研究员。自1987年至今，长期从事小麦远缘杂交遗传育种研究工作，育成12个优质高产小麦新品种，培育了一批携带抗病、抗逆和优质基因的小麦优异种质资源，发表研究论文90多篇，获国家技术发明奖三等奖1项、山西省科技进步奖一等奖1项、山西省科技进步奖二等奖3项。

李锁平是刘大钧的1984级硕士研究生，现任河南大学生命科学学院副院长、教授、博士生导师，河南大学植物种质资源与遗传工程实验室主任、河南省优秀教师、河南省"555"人才工程学科带头人。先后主持或参加国家、省部级项目8项，发表论文20余篇，出版专著3部。在植物远缘杂种不减数配子形成途径、远缘杂种无性系育性变异机理、大麦—节节麦染色体操作、菊花和葡萄等园艺植物组织培养等方面作出了重要贡献。他合成的栽培大麦和小麦近缘物种间的双倍体，是第一个栽培大麦和小麦近缘物种间的双倍体，将对小麦、大麦染色体工程研究有重要的学术价值。在不减数配子形成途径分析方面的研究成果，对于了解小麦的起源进化、有目的利用不减数配子合成新物种具有重要的学术意义，论文成果被全国研究生统编教材《细胞遗传学》《植物生殖遗传学》所引用。首次发现了远缘杂种的无性系育性变异和不减数配子的形成有关，发现一个新型的功能性辣椒雄性不育系，为辣椒利用杂种优势奠定了基础。

徐利远是刘大钧的1984级硕士研究生，1996年8月至1998年4月在美国密苏里州立大学作访问学者。1995年任四川省农业科学院生物技术核技术研究所副所长，1998—2014年任四川省农科院生物技术核技术研究所所长、研究员，主要从事生物技术育种研究，先后在《作物学报》等核心期刊发表研究论文。主要利用分子标记对玉米育种材料进行改造和优良基因聚合，选育的"科源玉6号"玉米高产杂交种以大穗优质深受农民欢迎。目前正在进行玉米航天育种和利用玉米远缘基因小片段替代克隆玉米功能基因研究。

杨木军研究员是刘大钧的1987级硕士研究生，1990年获得硕士学位。毕业后在云南省农业科学院粮食作物研究所长期从事两系杂交小麦和小麦单倍体育种技术研发工作。2000年，杨木军根据云南昆明一年四季都可以播种小麦的独特自然条件，带领科研团队系统开展小麦玉米杂交产生小麦单倍体研究，建立了国内规模最大的小麦DH生产技术平台，为我国小麦主产区30多个科研育种团队（或公司）提供了技术支持，也为构建"常规杂交＋分子育种＋DH"的小麦高效育种技术体系奠定了基础。2002年，杨木军带领科研团队利用重庆小麦温光敏核不育系C49S和云南的恢复系育成我国首个温光敏两系杂交小麦品种"云杂3号"。创造性地以C49S的弱恢复材料改造C49S的不育基因组成，育成不育期比C49S长1倍兼具柱头外露特性的第二代实用型小麦温光敏不育系K78S、K1564S等，拓宽了小麦温光敏不育系的安全制种区域，以K78S组配育成的杂交小麦品种"云杂5号"（2004年）、"云杂6号"（2005年）制种产量比"云杂3号"增加1倍，高产区杂交种突破300千克/亩。2005年，率先在国内建立较为成熟、稳定、实用的两系杂交小麦应用技术体系。"云杂"系列杂交小麦除了在云南大面积种植外，在越南、巴基斯坦、尼泊尔等国示范试种均获得成功。荣获省部级成果奖4项，荣获"云南省有突出贡献的优秀专业技术人才"（2010年）、"云南省先进工作者"（2011年）、"全国五一劳动奖章"（2012年）、"云南省中青年学术和技术带头人"（2016年）等荣誉称号。

吴丽芳是刘大钧的1989级硕士研究生，中国科学院合肥物质科学研究院研究员、博士生导师、入选中科院"百人计划"，研究方向为植物分子生物学与基因工程，在《自然》《植物生理》《基因与发育》等国内外顶级学术期刊发表论文30余篇，主持完成中国科学院知识创新工程重要方向性项目、国家自然科学基金项目等多个研究课题，是中国科学院分子生物学和基因工程研究学术带头人。

刘大钧弟子中在国外工作的作物遗传育种学家、资深学者有颜旸、蔡习文、李万隆、蒋继明、齐莉莉、翁益群等。

颜旸是刘大钧的1983级硕士研究生，现为美国南达科达州立大学生物及微生物系教授，1986年获南京农业大学植物遗传育种硕士学位，1989年获美国密苏里州立大学农学博士学位，1990—1991年在美国密西根州立大学联邦能源部植物研究所做博士后，研究拟南芥核糖核酸的自然降解及其相关分解酶。历任美国内布拉斯加大学农学系助理教授（1992—1996年），美国南达科达州立大学生物及微生物系助理教授（1996—2001年）和副教授（2001—2006年）；期间分别在美国康乃尔大学植物育种系（1996年）、美国德拉瓦生物技术研究所及德拉瓦大学（2007年）、美国杜克大学生物系（2008年）作访问教授。曾任北美华人土壤及植物工作者协会财务兼秘书（1996—1997年）、副主席（1997—1998年）、主席（1998—

1999年），美国农学会少数族裔农学工作者委员会（ACS528）委员（2000—2003年）和美国作物学会教学奖评审委员会委员（2002—2004年），美国南达科达州立大学教授参议会参议员（2006—2012年）及执行理事（2011—2012年），并担任中国国家自然科学基金重大专项海外评审人（1996年至今）。在《美国科学院院报》《植物生理》《理论及应用遗传学》《作物科学》《分子植物》《病原体》《基因》《植物与病原体分子互作》《科学报道》《PLoS One》和其他国际学术期刊发表论文63篇；获得1990年度 The Sears-Longwell 奖。主要研究成果：创造普通小麦与纤毛鹅观草及芒麦草属多物种间的属间杂种，并做了相关细胞遗传研究；用数学模式分析细胞遗传数据，系统地揭示了小麦亲缘物种间的进化关系；系统地揭示了拟南芥和麦类植物所拥有的核糖核酸分解酶的种类及其生化特性；发现并克隆小麦主要抗赤霉病基因 *WFhb1-1*，研究了其分子功能和作用机理；确定了玉米属植物多年生性状的遗传方式及主要基因位点；为植物精准育种开发了基于非转基因方式的基因编辑工具包。

蔡习文是刘大钧的1983级硕士研究生，现任美国北达科他州立大学植物科学系教授、博士生导师，小麦细胞学和遗传学研究实验室主持人。长期从事小麦及其近缘植物的分子细胞遗传学、细胞分裂、植物单倍体化和多倍体化、基因分子定位和克隆、种质资源创新等研究，培育多个特有小麦种质资源系。获得美国国家自然科学基金会、美国农业部和北达科他州小麦联合会多项科研课题。已发表100余篇学术论文，撰写多部学术专著。参与领导美国小麦大麦赤霉病研究攻关协作组和基金会的分配管理工作，参与评审美国国家科研基金项目。

李万隆是刘大钧的1991级博士研究生，现任南达科他州立大学生物及微生物系教授，1993年博士毕业后在南京农业大学细胞遗传研究所从事小麦分子遗传研究工作，1999年前往美国堪萨斯州立大学和南达科他州立大学工作。长期从事小麦遗传、进化、基因组、基因编辑和种质资源研究与教学工作。在国际核心期刊发表学术论文数十篇。

蒋继明是刘大钧的1983级硕士研究生，1993年毕业于美国堪萨斯州立大学，获得博士学位，并在耶鲁大学做博士后研究；1995年任职美国威斯康辛—麦迪逊大学园艺系助理教授，2000年被聘为副教授，2003年破格聘为教授，2009年评选为冠名教授，该校园艺系百年以来只有两人获得此项殊荣。他在国内担任东北师范大学"长江学者"客座教授，兼任多个国际期刊编委或副主编；长期从事细胞遗传学教学科研工作，主要研究方向为染色体着丝粒的结构、功能与进化，是该领域关键实验技术和研究方向的开创者之一。2004年，蒋继明带领科研团队完成水稻第8号染色体着丝粒的测序工作，揭示了其功能区，开创了多细胞生物着丝粒研究先例。2008年，他带领科研团队完成水稻着丝粒染色质的全基因组定位。在《自然遗传学》《植物细胞》《美国科学院院报》《基因研究》等国际顶级学术期刊发表100余篇学术论文，产生了广泛的影响，迄今为止被SCI他引和评述4 000多次。蒋继明在科学研究工作中做出了突出贡献，荣获多项学术奖励和科学基金，包括美国作物学会的"青年作物科学家奖"（Young Crop Scientist Award）、《植物细胞》杂志的"年度最佳论文奖"（The Best Paper Award for Year）和2003年度威斯康辛-麦迪逊大学的"鲁曼斯基金"（Romnes Fellowship）、中国国家自然科学基金委员会的"国家杰出青年科学基金"，主持完成美国国家科学基金会（NSF）、美国能源部（DOE）、美国农业部（USDA）等多项重大研究课题。

齐莉莉是刘大钧的1983级硕士研究生，1986年获得硕士学位，1997年获得博士学位。现为美国农业部农业研究局（USDA-ARS）红河谷农业研究中心分子遗传学家，曾任美国堪萨斯州立大学植物病理学系教授，主要从事基因组、分子细胞遗传学、作物遗传学、种质创新与遗传资源等研究，在赴美工作之前是刘大钧科研团队的核心成员，参与鉴定、定位新的抗白粉病基因 *Pm21*，将野生物种大赖草中的抗赤霉病基因定名为 *Fhb3*。齐莉莉的代表性研究成果"小麦条纹花叶病的抗病基因 *Wsm1*"，缩短了导入小麦中的染色体片段，该基因已被堪萨斯州立大学、南达科他州立大学等多所高校采用。她对小麦高密度EST物理定位的研究，获得美国国家科学基金资助，被选定为美国小麦EST测绘项目。在美国权威核心期刊发表学术论文数十篇，首次发现并成功定位两条新的抗向日葵锈病基因 *R12*、*R13*，经鉴定可抗已知所有锈病。

翁益群教授是刘大钧的1985级硕士研究生，1988年毕业留校后任农学系细胞遗传实验室助教，从事小麦细胞遗传研究和教学工作。1994年，赴美攻读博士学位；1998年获得美国德克萨斯州农工大学博士学位，主攻专业为遗传学；1998—2008年，在美国德克萨斯州农业试验站先后任助理研究员、副研究员、研究员，从事小麦遗传育种研究；从2008年开始，在美国农业部农业研究局（USDA-ARS）担任研究员，并在威斯康辛大学园艺系从事蔬菜遗传育种教学科研工作。

此外，从政从商的弟子代表当属吴沛良和张杭。

吴沛良是刘大钧的1982级硕士研究生，1986年获硕士学位。毕业后分配到江苏省农林厅农业局工作，致力于全省农业新技术推广、农业生产管理、农业改革发展以及农村经济政策的贯彻落实。1998年任江苏省农林厅副厅长，2003年任江苏省政府副秘书长，2008年任江苏省农业委员会主任，2018年任江苏省人大常委会农业农村工作委员会主任，现任江苏省现代农业科技产业研究会会长。在工作期间，先后发表关于"三农"文章数十篇，编著出版多种农业农村发展书籍，荣获农业部科技进步奖三等奖、省政府农业科技推广奖一等奖、江苏省优秀科技工作者、江苏省扶贫工作先进个人等荣誉称号。

张杭是刘大钧的1986年级硕士研究生，是弟子中从事工商经济的代表。曾任江苏省农林厅办公室副主任、政策法规室副主任。1999年底到深圳中达集团工作，担任总裁助理、研究室主任。现任中科招商投资管理集团有限公司常务副总裁，中科比亚迪新能源、中科招商创新创业、中科黄海、浦睿发等股权投资基金董事，深圳比亚迪新能源汽车投资有限公司副董事长。

在刘大钧弟子的记忆中，南农的求学岁月既辛苦又快乐，所谓"痛并快乐着"。遗传育种实验室不仅是专业学习和科学实验的空间，也是与刘大钧畅谈交心的场所。在这个不大的空间里，同学们能够持久地感受到恩师的关怀，这种情感深深地烙刻在同学们的心中。刘大钧在指导同学们各种科学实验之余，无微不至关心每位学生，一旦发现他们有什么困难，就想方设法帮助解决。他的记忆力极好，心思细腻，能清晰地记住每个研究生的生日，"严师"与"慈父"的形象在他身上完美融合。作物遗传育种实验室毕业的研究生，都会怀念与刘先生曾经与共的难忘时光，短暂的"南农岁月"成为他们一生的精神财富和永恒记忆。

第十章

学识渊博誉世界

实至名归当院士

1998年底，中国工程院发布了关于提名院士候选人的相关通知，明确1999年增选的工程院院士不超过120名，按7个学部统一增选，其中农业、轻纺和环境工程学部增选不超过18名[①]。此项通知下发后，中国农业科学院原院长、中国农学会原理事长卢良恕院士和另外2名院士联合提名刘大钧教授，时年刘大钧已经72岁，早已是中国小麦遗传育种领域的资深专家、农业教育家、著名学者，在国际学术界也颇有名望。

中国工程院院士的增选条件要求非常高，内部竞争也异常激烈。能够被提名候选人相当不容易，真可谓"千军万马过独木桥"，院士候选人要由省、自治区、直辖市和中央各部门多次集中遴选，胜出者才能进入院士评审环节。院士评审阶段须经过两轮十分严格的评审。第一轮评审是由各学部常委会负责组织本学部的全体院士，对属于本学部学科专业范围内的全体有效候选人进行评审，评审过程分为审阅材料、交换意见、酝酿讨论、介绍情况、预投票以及投票等程序；第二轮评审的办法和程序与第一轮基本相同，严格按照规定程序，经过全面细致的评审，在候选人预选名额范围内，各学部分别进行无记名投票，按得分顺序依次录取符合差额比例的候选人正式名单[②]。最后的关键环节就是院士选举，选举时以学部为

---

① 中国工程院：《关于提名中国工程院院士候选人的通知》（中工发〔1998〕070号），1998年12月11日，内部资料。

② 中国工程院：《中国工程院1999年院士增选工作实施办法》，1998年，内部资料。

单位实行差额无记名投票，差额比例为20%，获得赞同票数超过投票人数1/2的候选人，按本学部应选名额，根据获得票数依次当选，满额为止。因此，人们不难理解在如此复杂、严密的程序下，全国众多的优秀科研人员中，为什么仅有极少数最优秀的学者才能当选院士。

1999年12月13日，对于南京农业大学、刘大钧教授本人和小麦遗传育种学界来说，都是值得庆祝的日子！经过各种严格的遴选程序后，中国工程院新增选院士名单正式公布，其中农业、轻纺和环境工程学部新增的18名院士中，刘大钧教授榜上有名。

刘大钧之所以顺利当选中国工程院院士，源于在近半个世纪中出色的教学科研成果，为中国小麦遗传育种事业所做的卓越贡献，突出体现在三个方面：

一是培育小麦新品种，在发掘遗传资源和种质创新方面取得重大科研成果。

育成"宁麦3号"小麦新品种。20世纪60年代初，刘大钧开始从事小麦辐射诱变育种研究，与陆维忠、陈佩度、周朝飞、熊宝山等同事在探索最适辐射剂量、照射条件和辐射育种对株高、穗型、熟相、熟期、抗病性等诱变效应基础上，利用辐射诱变育种技术，将综合性状优良、后期发育欠佳的意大利小麦St1472/506育成高产小麦新品种"宁麦3号"（原名"南农701"）。自20世纪80年代开始，该小麦品种在长江中下游麦区推广，平均年种植面积在300多万亩以上。据1981—1985年的不完全统计，5年累计种植1 500多万亩，增产小麦5亿多千克。

发掘利用小麦抗白粉病、抗赤霉病新种质以及抗病基因转移研究。在小麦白粉病抗源逐渐丧失、赤霉病抗源奇缺的情况下，刘大钧率领科研团队在小麦近缘物种中不断发掘新抗源，以解决小麦抗病育种中存在的抗性脆弱问题。在国内最早引进研究簇毛麦，在国际上最早发现其高抗白粉病，运用细胞遗传与分子生物学技术将该高抗基因定位在簇毛麦染色体6V短臂，成功将其转入小麦。20世纪80年代中期，刘大钧带领科研团队在国际上最早发现鹅观草和纤毛鹅观草对赤霉病高抗。

创制优异抗病育种新材料。刘大钧带领科研团队利用染色体工程，先后培育出小麦—簇毛麦双二倍体、异附加系、异代换系和一批抗白粉病、综合性状好的小麦—簇毛麦6VS/6AL易位系。这些育种新材料经过美国、英国、德国、澳大利亚、墨西哥等国科研机构和国内50多家单位引进鉴定，证明其高抗白粉病、条锈病，作为克服抗性丧失威胁的重要新种质被广泛利用。20世纪90年代，刘大钧科研团队选育出一批抗赤霉病小麦—大赖草、小麦—鹅观草和小麦—纤毛鹅观草异附加系、异代换系和易位系。这些育种新材料对于小麦抗赤霉病育种和基因组基础研究具有重要价值，受到国内外同行的高度重视。通过不同异染色体系（特别是易位系）间，与小麦种内抗源或优良农艺亲本杂交，辅助运用多个最新育种技术，再次创制一批已聚合不同抗性基因、农艺性状较好的育种新材料。

二是创建比较完整的分子细胞遗传学技术体系，解决了精确检测导入小麦中外源染色体与基因的关键技术。

从20世纪60年代末开始，刘大钧带领科研团队利用辐射诱变育种技术，成功选育出小麦新品种"宁麦3号"。70年代中期以后，他们又开展了远缘杂交染色体工程研究，在国内率先应用染色体分带、染色体组型分析、外源标记性状追踪、非整倍体、同工酶等技术，针对小麦近缘植物染色体进行精确鉴定，在染色体层次上领先国内其他研究机构。刘大钧科研团队对中国西部特有的西藏半野生小麦、云南小麦亚种和新疆小麦进行有效的基因组分析，对其起源演化和育种利用提供了有价值信息。

90年代，刘大钧率领科研团队致力于分子生物学研究，利用RFLP、RAPD与STS等分子标记技术成功进行筛选鉴定和辅助育种；在他们的技术支持下，江苏省里下河地区农业科学研究所育成高产优质抗病新品种"扬麦9号""扬麦10号""扬麦11号"等。科研团队将细胞染色体技术与分子标记技术相融合，创造性解决了辨别外源染色体具体归属的关键性技术，创立了运用不同技术相互验证、检测小麦中外源染色体与基因的分子细胞遗传学技术新体系。此外，还分离出簇毛麦、大赖草和新麦草基因组转化DNA序列，为小麦异染色体系的分子鉴定创制了新探针，被国内外同行所引用。

三是在学科建设和人才培养方面做出重大贡献。

1981年，刘大钧担任南京农学院副院长，两年后担任院长；1984年，学校更名为南京农业大学，刘大钧担任校长，从事高校行政管理工作长达10年。担任校领导伊始，时值南京农学院原址复校，各种工作千头万绪，他以顽强的毅力组织领导全校教职员工积极开展复校建校工作。为学校中长期发展制定了规划，端正办学思想，培养良好的校风。在学科建设方面，将学校的9个本科专业发展到20个本科、8个专科专业，创办了17个博士点、32个硕士点、4个国家级重点学科，为学校进入"211工程"奠定了良好的基础[1]。

刘大钧创建领导了南京农业大学细胞遗传实验室，经过20多年不懈努力，1990年被农业部批准为重点开放实验室，1993年经农业部批准升级为"细胞遗传研究所"，后再次升级为教育部重点实验室，他培养的60多名研究生，具有学风正、基础好、勤俭敬业、富于团队合作和开拓进取精神，先后成为国内各高校、科研单位的学术骨干和科研骨干。

刘大钧治学严谨、做人诚信、做事务实，为中国遗传育种学科的快速发展做出了创新性贡献。当选中国工程院院士，是对他半个世纪以来辛勤耕耘、教书育人的高度肯定，是对他50多年兢兢业业、默默无闻从事科研工作的最大认可，是对他为中国小麦遗传育种事业奉献一生、矢志不渝的最高褒奖，可谓实至名归！

---

① 编委会：《南京农业大学发展史·人物卷》，北京：中国农业出版社，2012年，第69页。

刘大钧院士证书

　　海外的弟子欣闻此事极度兴奋，纷纷来信祝贺，刘大钧当年的得意门生蒋继明在信中与他风趣调侃："我最近更新了自己的苹果电脑系统，内带中文阅读软件，因而能打开母校的中文网址，欣喜地看到您在'院士风采'网页的照片，您的院士气质十分'逼人'，这使我回想起1983年研究生复试时，您把我'逼'得不敢说话，还允许我用笔代答，把我吓得几乎昏过去！并记得您夸我字写得好……"

扶掖后学不遗力

　　2006年7月，在刘大钧院士八十寿诞之际，全国政协原副主席、中国工程院院长徐匡迪专门发来贺信，祝贺他荣获"资深院士"称号，祝福刘先生"健康长寿、欢乐幸福"，言辞恳切地希望刘大钧院士"为国珍慑"，这不仅充分体现出徐老对刘大钧院士的敬佩之情，而且也反映出他在国内遗传育种研究领域的"国之珍宝"地位。

刘大钧从事植物遗传育种教学科研长达半个世纪，荣获多项国家级、省部级奖励，培养了60多名博士、硕士研究生以及博士后，个人或作为通讯作者发表高水平学术论文200多篇，主编、参编、翻译学术专著10余部，无数次组织或参加国内外学术会议，推动了中国作物遗传育种学科发展，为国际领域遗传育种学术合作、相互交流发挥了重要的作用。

刘大钧全球弟子齐聚母校参加校庆和细胞遗传研究所
成立20周年庆典（2012年）

刘大钧领衔的细胞分子遗传学研究团队，以国家利益为出发点，始终聚焦前沿性、关键性小麦遗传育种攻关课题，集聚吸引了一批创新型人才，产出一批创新性成果。在他的严格指导和统一协调下，科研团队高度重视与海内外高校、科研机构和企业的横向合作，尤其重视与国际同行的深度合作，不断探索面向国际学科前沿领域的创新模式，成长为具有重要国际影响力的高水平学术团队。

刘大钧始终将人才、学科、科研三位一体创新能力的提升作为科研团队核心任务，强化了团队创新能力发展的导向性，培养出一大批具有科研水平和创新能力的后备人才，他所培养的毕业生在国内外作物育种领域具有很强的竞争力，在不同历史时期，刘大钧院士的弟子都成为国内分子遗传育种学领域或植物基因工程领域的领军人才。

由于年事已高，刘大钧逐步不再指导研究生或参与科研项目具体研究，但他始终关注该学科发展动态，坚持每天浏览最新的专业文献和学术期刊。南农的师生们也会经常到家中看望他，请教一些学术问题，他每次都是很高兴地接待自己的学生，情不自禁地与大家讨论一番，针对学术前沿热点问题提出个人的观点和建议，以供弟子们或后学参考借鉴，这种"春蚕到死丝方尽，蜡炬成灰泪始干"的奉献精神，成为激励全体师生的宝贵财富。

刘先生晚年的时候由于身体原因不直接过问科研工作了，但仍非常关心研究所的发展，我们也经常向他汇报研究进展。2011年，簇毛麦抗白粉基因*Pm21*克隆的文章在《美国科学院院报》发表，这在当时是我国小麦界最高水平的论文之一，我和陈佩度老师专门过去向他汇报。我们的"小麦—簇毛麦远缘种质创制与利用研究"获得教育部技术发明奖一等奖和国家技术发明奖二等奖，这些奖励的申报过程和每个阶段性进展，我和陈老师都会向他汇报。每每听到团队取得成绩，刘先生非常高兴和开心。[1]

张守忠回忆起刘先生晚年对科研团队的关怀之情无不动容，"刘先生由于年事已高，不参加科研项目具体指导后，我一般1个月左右到家中看望一次，工作上的事情也向他汇报，实际上他一直很关心我们的工作，很关心我们的生活，经常询问现在怎么样了，我总觉得跟随刘先生一起工作是非常幸运的，每次谈话总能感到有所

---

[1] "老科学家学术成长资料采集工程"采集资料，王秀娥访谈，2013年4月16日，南京。资料现存于采集工程数据库。

启发、有所进步。从具体工作来讲，现在承担的科研工作越来越多，时常遇到一些问题，还会向刘先生请教，他的很多建议都是非常有参考价值的。"①

治学为人皆楷模

刘大钧是中国著名的遗传育种学家，在小麦作物育种领域功勋卓著，在国际学术领域也占有一席之地，"南农人"无不以此为荣，接触过他的人都会深深折服他的治学之道和为人处世。

吴琴生毕业后一直跟随他从事作物育种研究，回忆起自己的老师，这位老者仍略显激动，一幕幕往事，仿佛又回到从前的岁月。

我与刘先生相处的时间非常长，可以说从年轻时代起，也就是我进入本科学习第一年起（1963年）就与他结缘了。那时刘大钧先生在学校讲授遗传学，所以我就从遗传学课程开始认识他。

大学毕业以后，"文化大革命"爆发，我们中断了一段时间联系。1979年，我报考了刘先生的遗传育种专业研究生，又回到他的身边，一直到退休，始终在遗传育种教研组工作……

我对刘先生印象最深刻的是教学科研方面，本科阶段学习没有太多印象了，那时就是学习他的遗传学课程。现在回想起来，当时的遗传学有两个学派，一个是米丘林学派，一个是摩尔根学派。从米丘林学派来说，他是到苏联留学的，所以教的是米丘林学派的遗传学；另外一个老师教的是摩尔根学派的遗传学，关于这两派的

---

① "老科学家学术成长资料采集工程"采集资料，张守忠访谈，2013年4月27日，南京，资料现存于采集工程数据库。

遗传学，我们当时接受的是不同的观点。在我的印象中，刘大钧先生在学术方面是比较自由宽松的，米丘林学派是强调环境的，摩尔根学派主要强调基因，虽然他是讲米丘林遗传学的，但对摩尔根学派并没有任何排斥情绪，有时候也会给我们讲一些其他方面的观点，后来刘先生的观点也随着科学的发展逐步转向了摩尔根学派。

改革开放以后，他就去了美国，第一批去进修，在美国学习了遗传工程方面的先进科学技术，然后带回来应用，他的思想转变也表明他的兼容性很强，吸收了世界上各种观点并综合起来，后来他编了一本关于遗传学方面的教材，对我国遗传学的建设和理论发展都有一定的贡献，我们对他这方面的印象非常深刻①。

1979年，南农复校初期，学校的办学条件十分艰苦。在刘大钧、陈佩度和其他助手的共同努力下，南京农学院农学系的细胞遗传实验室创建起来，由公厕改建而成的实验室成为刘大钧唯一重要的作物育种实验场所，虽然装修比较简陋，但他格外珍惜，每天都把实验室打扫得干干净净，实验物品摆放得整整齐齐。刘大钧教授不仅严格要求自己，而且对研究生也严格要求，时常提醒他们要爱护实验室，实验仪器必须要小心使用。刚开始的时候有些研究生没往心里去，认为刘大钧的嘱咐也就是顺便说说而已，一名同学不小心把实验试剂撒到了台面上，这种试剂比较特殊，无色无味，但接触到实体后立刻就变色，操作台表面出现了一小块红色，而且非常明显；刘大钧来到实验室看见后，立刻脸色大变，当场就严厉地批评了这名同学，告诫他做任何事情不能这么马马虎虎，从事科研工作必须要仔细认真、谨慎小心，并让他打扫实验室卫生一周以示惩

---

① "老科学家学术成长资料采集工程"采集资料，吴琴生访谈，2013年5月17日，南京，资料存于采集工程数据库。

罚①。在场的其他学生都被刘先生的怒气吓坏了，很多人至今仍印象深刻，但效果也是立竿见影的，那名研究生再也没有出现过类似的失误，所有的研究生都以此为鉴，在实验过程中谨慎细微，没有发生过任何事故。

刘大钧教授的课堂风格独特，专业课是自由讨论式的Seminar（编者注：专题研讨课），他在教学中特别强调研究和思想的"方法论"，授课过程中一般不站在讲台上，也从来不用讲稿，通常是从研究室搬来转椅，转着圈讲课，时不时就转到某位研究生一边突然发问，使得所有的学生不得不绷紧神经。他的课堂上也有很多"小插曲"，有一次在专题研讨课上，不知怎么话题转到了留苏经历，奇妙的是刘大钧对亚美尼亚的姑娘之美大加称赞，留下了一句经典话语"亚美尼亚的姑娘，真是美呀！"，这种真情流露，也成为弟子们课下津津乐道的话题。

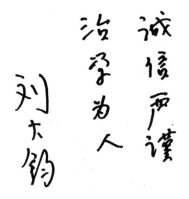

刘大钧院士手迹

翁益群是刘大钧的得意门生之一，1981年考入南京农学院农学系作物育种专业学习，大学毕业后成为刘大钧的硕士研究生，研究生毕业后又留校任教，他与刘大钧感情至深，回忆起自己的恩师，

① "老科学家学术成长资料采集工程"采集资料，王秀娥访谈，2013年4月16日，南京，资料存于采集工程数据库。

似乎总有说不完的话。

首次见到刘先生是在专业基础课细胞遗传学课堂上，20世纪80年代，南京农业大学作物遗传育种专业在国内名气很大，农学系植物遗传育种学科有著名的五大教授：马育华（大豆遗传育种）、吴兆苏（小麦遗传育种）、潘家驹（棉花遗传育种）、朱立宏（水稻遗传育种）和刘大钧（细胞遗传育种）。学生们每每谈起这些老师，都是如数家珍，充满了自豪和敬仰。当时刘先生是南京农学院副院长，但仍坚持给本科生上专业基础课，30多年后的今天，每每回忆起这几位教授，他们讲课的情景仍历历在目。

刘先生为本科生讲授细胞遗传学是在大学三年级（1983年），采用的教材和讲义都是英文的，放的投影也是英文的。我最初的专业英语单词就是在这门课上接触到的，也激发起我对英语的浓厚兴趣。与其他教授一样，刘先生在传授我们专业知识的同时，也时常给我们讲一些遗传育种发展史上的知名人物和典故，以及做学问、做人的道理，这应该就是中国传统文化中所说的"教书育人"。

记得有几次上课时，刘先生鼓励我们班级上的同学报考他的硕士研究生。当时研究生比较少，招生规模也不像现在这样如此壮观。人们常说听者有意，自那时起我决定报考刘先生的研究生。1984年，我参加了全国研究生统一招生考试，专业课试卷由南农教授们命题，我的专业课成绩在本校考生中排名前二，刘先生对此很高兴，当时他和陈佩度老师一起对我进行复试后就录取了。

我的毕业实习课题是研究"小麦与黑麦之间的杂交结实率"，试验田在现学校北大门主干道两侧，小麦与黑麦杂交的试验地主要靠近北大门内侧，靠主楼这一半是小麦育种课题组人工喷灌进行赤霉病接种的试验地，所做的研究验证了黑麦中控制育性基因的存在。另外学到的技术是如何快速进行小麦杂交去雄套袋，印象中能达到的最高纪录是每小时去雄6个穗子！此间，刘先生经常到田地里手把手教学生们如何进行小麦的去雄和授粉。

1984年，南京农学院更名为南京农业大学，刘先生成为第一任校长，而我们81届学生也成为南京农业大学第一届本科毕业生，毕业证书上的校长签名是刘先生，当时班上同学都觉得作为南京农业大学遗传育种专业第一届毕业生倍感自豪，与有荣焉①。

1982年以后，学校加快基建步伐，房源逐渐多了一些，刘大钧科研团队又争取到一间实验室，新增实验室陆续接待了国内外专家学者来访，科研团队的师生们十分珍惜来之不易的科研环境，他们在实验过程中认真、仔细、踏实、刻苦，秉承了刘大钧的科研风格，尤其是整个实验室的干净、整洁，赢得了国内外来访专家的高度赞誉。

小麦作物遗传育种研究需要做大量的"田间"和实验室工作，在刘大钧看来，这个专业的学生大多数时间应该在实验室度过，作物育种实验室才是学生们成才的重要场所。他在指导学生实验时，基本上都是手把手亲自指导每名同学，教会他们如何做细胞切片、如何观察染色体，他的讲解细致入微、深入浅出，学生们经常听一遍就能懂。日复一日，年复一年，这样的教学指导从未间断过，刘大钧的教学态度和执著精神也从未改变过，由于常年在实验室为学生做染色体制片示范，他的大拇指要比常人大一圈。

刘大钧在专业追求上的执著，每个学生都能感受到，并保留着终身的记忆，形成"润物细无声"的育人效果。

刘先生的工作主要是在细胞遗传育种方面，像他这样的老前辈，最优秀的品质就是在任何条件下都不放弃自己的专业，"文化大革命"时期很多人都放弃了教学科研，但刘先生始终顶住各种各样的压力，坚持在田里进行作物育种，这一点是最可贵的，也是他获得丰硕成果的最重要原因。改革开放以后，刘先生坚持引进，从

---

① 李群：《此生只为麦穗忙——刘大钧传》，上海：上海交通大学出版社，2015年12月，第212–220页。

田间再回到实验室来，把国外的先进设备、先进仪器都引进来，造就了一个完整的科研体系。我们当时不知道如何使用这些国外进口仪器和设备，刘先生就手把手教我们怎么使用显微镜、怎么做细胞遗传学切片、怎么看染色体，亲自指导，非常严谨，严谨到一定要把这个事做好才能放心。刘先生平时教我们使用仪器设备，不论大的、小的都非常认真，我举个最简单的例子，当时我们这些研究生不要说那种高级仪器不认识，就是显微镜、冰箱也不知道怎么用，现在一般人可能会感觉可笑，但是我们的研究生来了确实什么都不知道，刘先生就专门找了一个物理组研发冰箱的老师，为研究生上冰箱课，如何使用、保护、维修、利用好冰箱，连续上了一个星期的课，这位老师每天下午其他事情做完就来给我们上冰箱课，实际上冰箱的结构、冰箱的制造、冰箱的使用、冰箱的性能，有很多学问可以做的，我们的实验室就是这样一步一步走过来的，实验室的建设成果本身就是一个非常突出的成果。[①]

前苏联苏霍姆林斯基说："教育工作的实践使我们深信，每个学生的个性都是不同的，而要培养一代新人的任务，首先要开发每个学生的这种差异性、独立性和创造性。"因材施教、因人施教在刘大钧身上体现得淋漓尽致，对于这一点他的研究生翁益群感受更深刻。

1985年9月，我有幸成为刘大钧先生的硕士研究生，专业为植物细胞遗传与细胞工程。此时学校和细胞遗传实验室的条件已有较大的改善，实验室从教学主楼搬到新的实验大楼（现资源与环境学院楼），老师们有了自己的实验室和办公室（505、525和529），研究生也有自己专门的实验室（714）。尽管刘先生是校长，他自己在教研组的办公室也仅是从529（组织培养间）辟出的一小间，约10平方米。这种情况一直持续到1994年我离开实验室远赴国外留学、

---

① "老科学家学术成长资料采集工程"采集资料，吴琴生访谈，2013年5月17日，南京，资料存于采集工程数据库。

工作为止，远非今日的办公条件所能比。

1985年至1988年是我攻读硕士研究生的三年，对以后的职业选择影响非常大。这期间我接受了系统的、正规完整的专业知识、科学研究方法、思维方式和职业道德方面的训练，也为以后自己从事科学研究奠定了良好的基础。三年研究生学习给我的总印象：尽管刘先生此时担任南京农业大学校长，行政事务繁杂，但对研究生的指导、交流和沟通并不少。除了新生的开题讨论、立项外，还主要体现在每周一次由实验室老师和研究生参加的例会，或给研究生开设的文献阅读课程上。

作为细胞遗传实验室的传统，与其他很多专业或实验室不同的地方在于，每个研究生在进入实验室的第一个学期就要求确定课题并启动研究工作，这是由植物遗传学研究的特性（周期长、需要重复等）决定的。每名学生的兴趣、专业基础和教育背景不尽相同，刘先生指导每名学生制订课题时也考虑到这些因素，因材施教，因人施教，当时实验室大多数研究生的课题都与远缘杂交或植物组织培养有关。在制定研究课题时，刘先生既鼓励学生去积极探索，从事有一定风险的课题研究，也会给学生考虑一些风险比较低的课题，从而保证学生能有研究成果并按时毕业。因此，那些年从遗传育种实验室毕业的研究生都发表了多篇学术论文，这对后来的学生既是一种压力，也是一个努力的方向。

实验室的定期例会是刘先生了解学生们研究进展的重要手段。在例会上，每位研究生都要汇报研究进展，提出存在的问题或研究困难，并且和大家讨论相应的解决方法。刘先生一般会对工作做得比较好的同学提出表扬，对进展慢的同学委婉地提出批评，并指出改进的方法。不同的研究生性格不一样，教育背景和研究能力均有差异，因而研究的进度有快有慢。在我的印象中，刘先生对所有的学生都是一样的关心、爱护和支持，从未对任何学生有过歧视、辱骂或有过任何过激无礼的言行。

　　文献阅读上课的方式相对比较轻松一些，刘先生也借此机会给学生们谈一些做人的道理和做学问的方法。刘先生除外语（英语、俄语）流利外，中国古典文学知识也颇为丰富，他常常引用《易经》中的经典名言教育我们："取乎其上，得乎其中；取乎其中，得乎其下；取乎其下，则无所得矣"，要求我们必须把研究目标定得高一些，对于研究课题设计要追赶国际水平，"要学就学最好的"，切忌坐井观天、闭门造车，作研究应该这样，在日常生活中亦应如此。

　　研究生学习期间另外一个重要的收获就是培养了团队精神。当时实验室有三个年级的8个研究生，每个人与导师接触的时间毕竟有限，更多的时候是同学之间的相互学习和讨论，老生帮助新生。这三年的在校生活和学习经历都是非常正面积极的，我感觉同学之间相处得非常融洽，没有负面的恶性竞争。刘先生对每位学生也是一视同仁，平等对待，为每个人的研究提供全力的支持，他一再强调在研究中合作的重要性，"不要总想着光占便宜不吃亏，如果大家都想占便宜，这个系统就不平衡了"。刘先生和课题组全体老师的言传身教，具有"润物细无声"的育人效果，对每名研究生都起了很好的示范作用。这种团队精神对在读研究生的影响也是非常积极的，这可能也是毕业多年后大多数研究生与刘先生和细胞遗传实验室仍保持联系的主要原因。

　　那个时候细胞遗传实验室的传统就是研究生们没有周末，晚上也要工作，同学之间在相互学习的同时也增进了友谊。刘先生有时也在晚上或周末造访实验室，兴之所至，会自告奋勇地做几张细胞学片子，给大家演示一下压片的方法，师生之间的情谊也在这种无形中建立起来了[①]。

　　刘大钧对于学科前沿的把握及其敏感性，影响了一代代南

---

① 李群：《此生只为麦穗忙——刘大钧传》，上海：上海交通大学出版社，2015年12月，第212–220页。

农作物遗传育种研究者，除了陈佩度外，刘大钧的博士研究生王秀娥毕业后也留校任教，她以自己的导师为榜样，矢志不渝，带领科研团队在这个领域继续乘风破浪，保持在国内学术研究第一梯队。

刘先生对学科前沿的把握和敏感性，永远值得我们学习。1997年，刘先生敏锐地感觉到表观遗传学是未来发展的热点。那个时候表观遗传学刚刚问世，现在也是生命科学研究的前沿热点，但我当时没有刘先生的敏感性，觉得与先生相比差距很大。刘先生对我的启示就是要一直关注学科前沿，才能使团队研究不落后。我现在经常对学生和青年教师讲，要学习刘先生这种学术敏感性。此外，我也积极创造机会让青年人去顶级实验室学习新理论新技术，这也是刘先生所一贯坚持的。细胞遗传所在传承小麦染色体工程领域的特色和优势的同时，也一直在不断地创新和发展，例如：我们与捷克等国际同行广泛合作，开展外源染色体分拣测序、麦类植物基因组等研究，发展了小麦族基因组等新方向，推进了外源基因的克隆和抗病分子机制的研究进展。

刘先生对学科前沿敏锐的把握力与他天才的语言能力密不可分。语言是一个科学家的翅膀，语言精通了，你才能够了解学科的最前沿发展，你才能够具有敏感性。我一直佩服刘先生的语言能力，他不仅能讲英语、俄语，日语也会说，而且很多方言他都会，模仿得惟妙惟肖。当然刘先生有天赋，但更主要的是持之以恒的努力。刘先生担任校长后工作很忙，但从来没有中断过国外文献的阅读，他的办公桌上总是摆着一摞一摞的国外文献。他给我们上课或组织研究生班讨论时都是用英语。我在读研究生期间，受刘先生影响也特别注重国内外文献阅读。毕业的时候，我积累了一大摞的英文文献，到现在都保留着。我现在也经常教导学生必须阅读文献，只有读了文献，才能有新想法新思路，才能有创新性。刘先生特别支持我们写英文专业论文，我读博的时候写了两篇，先生将其打印出来并在上面修改，总感觉他修改后就是地道的表达方式，确实受益匪浅[①]。

在刘大钧的精心指导下，这些经过严格学术训练的研究生走出实验室后，大多数都成为各单位的科研骨干，一部分人成为国内外知名中青年学者、学科带头人、国家科技攻关项目或"863"项目主持人。这些科研精英之所以能取得如此骄人的业绩，其中一个很重要的原因就是接受过正规严格的专业训练，养成了严谨的科学态度和扎实的实验操作技能。

刘大钧作为学科带头人，在学术梯队培养方面站位相当高，具有前瞻性思维，为南农作物遗传育种专业的长期发展奠定了坚实的基础，例如探索西部小麦起源方面，科研团队做出了创新性贡献。小麦在中国栽培历史悠久，作物遗传资源非常丰富，其中六倍体小麦类型丰富，包括云南小麦、新疆小麦、西藏半野生小麦等亚种，这些作物品种的遗传性、染色体组成以及起源进化研究都具有重要的科学价值。

1983年11月28日，第六届国际小麦遗传学会议在日本京都如期举行，中国学者在会议上宣读了4篇高水平学术论文，《西藏半野生小麦》（中国科学院遗传研究所副所长，邵启全）、《节节麦（Ae. tauschii）在中国的分布以及中国普通小麦的起源》（四川农学院教授，颜济）、《将花药培养技术应用于小麦的远缘杂交和改进》（中国科学院遗传研究所，王兴智）和《四倍体小麦的染色体4A和B、G染色体组之起源》（南京农学院，陈佩度；美国堪萨斯州立大学，Bikram S. Gill），引起与会代表的浓厚兴趣。世界各国育种专家纷纷关注中国的半野生小麦遗传资源，他们想交换一些中国特有的小麦样本，以便开展深入研究，日本小麦育种专家甚至提出前往中国西部进行考察的要求，这使得刘大钧科研团队倍感压力，如果不尽快

---

① "老科学家学术成长资料采集工程"采集资料，王秀娥访谈，2013年4月16日，南京。资料现存于采集工程数据库。

系统研究中国特有的小麦种质资源，势必导致中国小麦作物育种研究在国际领域处于被动局面。

刘大钧与陈佩度决定立即开始申请相关研究课题，并在项目申报书中具体建议，即刻深入开展全国性小麦遗传资源勘查与研究，尤其针对中国特有的六倍体半野生小麦，即云南小麦亚种、西藏半野生小麦以及新疆小麦的专项研究，对于弄清世界小麦起源中心的东界和中国在世界小麦起源进化中的地位均具有重要意义[①]。

此时，刘大钧科研团队已经具备研究西部半野生小麦的相关条件，他们完成了四倍体小麦的起源进化初步研究，掌握了小麦非整倍体材料及其研究方法，综合运用染色体组型分析、染色体分带和染色体配对分析等方法，对四倍体小麦的染色体4A和B、G染色体组的起源进行系统研究，为六倍体小麦的起源进化研究准备了技术路线和研究方法。

与此同时，刘大钧科研团队对小麦及其亲缘物种的细胞遗传学研究也取得了较快进展，初步总结了细胞遗传学相关技术，具备了一定的实验基础，为细胞遗传学实验室购置了显微镜、冰箱、温箱、超净工作台等专业设备[②]。这一时期科研团队的研究力量十分充足，除了刘大钧、陈佩度作为指导专家外，学校的多位专业教师也积极参加科研项目攻关，在读研究生也加入到课题研究中，其中科研团队骨干成员杨世湖[③]于1983年参加过西藏科学考察，对西藏半野生小麦品种资源有一定的研究基础，中国农业遗产研究室部分专

---

① "老科学家学术成长资料采集工程"采集资料，国家自然科学基金申请书，编号DA-009-002，原稿存于南京农业大学档案馆。

② "老科学家学术成长资料采集工程"采集资料，《我国小麦进化、起源和特有种质利用研究》申请的补充说明，编号DA-009-006，原稿存于南京农业大学档案馆。

③ 杨世湖（1946—），南京农业大学教授，从事作物遗传育种研究，系刘大钧院士的79级硕士研究生。

家已经针对中国小麦的起源、进化和分布等搜集整理了大量历史文献资料，并开展了深入系统的理论研究。

1984年，刘大钧、陈佩度主持的国家自然科学基金项目"我国小麦起源进化和特有种质利用研究"获准立项，科研团队综合运用染色体组型分析、染色体分带技术和端体染色体配对分析方法，对云南小麦亚种、西藏半野生小麦和新疆小麦的染色体组型进行研究。1986—1987年，刘大钧率领科研团队远赴西部地区，针对相关小麦品种的分布进行了实地勘察，对上述几个品种的细胞核、分化程度进行了深入研究。与此同时，中国农业遗产研究室的课题组专家通过史料梳理和研究分析，厘清了小麦传入我国的路径、传入后的迁移路线以及演变过程等。

西藏小麦（*Triticum aestivum* subsp. *tibeticum*）

通过对西部3种小麦的染色体配对分析和染色体N分带观察，以及这些品种与"中国春"之间及其"中国春"的双端二体F_1、F_2代断穗轴性的遗传分析研究，刘大钧科研团队做出合理的科学推测：新疆小麦极可能是从普通小麦与波兰小麦或东方小麦的杂交（回交）后代中分离出来的，在新疆特有的自然条件下形成一种新类型；西藏半野生小麦和云南小麦亚种很可能是在当地特有的自然栽培条件下，通过长期自然选择或人工选择形成的变异类型。鉴于云南、西藏、新疆等地区尚未发现野生四倍体小麦，其与原产中国的"节节麦"天然杂交，再自然加倍产生中国原始六倍体小麦的说法缺乏客观依据，但仍可以认为中国西部地区是小麦六倍体水平上的次生多样性中心之一[①]。

刘大钧科研团队通过4年的不懈努力，在西部特有小麦研究项目上取得一系列成果。陈佩度作为项目执行负责人，对这段科研往事仍然记忆犹新："用普通小麦'中国春'双端二体系列分析中国西部3种六倍体小麦，即云南小麦亚种、西藏半野生小麦、新疆小麦的染色体组成，在研究方法、研究深度和研究结论等方面均达到国际一流水平。"[②]1988年，在英国剑桥举行的第七届国际小麦遗传学会议上，刘大钧和陈佩度交流了科研团队的最新研究成果《中国西部3种特有六倍体小麦的染色体组成》(英文版)，得到与会各国专家的高度赞誉。

自然科学研究具有一定的连续性，21世纪初期，分子技术开始在作物育种领域逐步应用，刘大钧科研团队敏锐地感觉到这一技术的先进性，并利用该技术对西部地区特有小麦再次开展研究，又产出一批重要研究成果，包括《云南、西藏与新疆小麦高分子量谷蛋白亚基组成及遗传多样性分析》《云南、西藏与新疆小麦醇溶蛋白Gli-1和Gli-2编码位点等位基因组成及遗传多样性分析》《云南、西藏及新疆小麦研究进展》等学术论文。

刘大钧研究团队利用分子标记技术，从DNA分子水平对云南小麦亚种、西藏半野生小麦、新疆小麦的基因组成进行分析，经过缜密论证，研究团队指出：第一，中国"节节麦"可能并未参与云南小麦亚种、西藏半野生小麦的起源和演化，这两种小麦很可能是从中东等地传入中国的原始六倍体小麦的后代；第二，新疆小麦和中国本地波兰小麦的遗传距离小于与其他小麦近缘种属的遗传距离；第三，聚类分析显示，新疆小麦与中国本地的波兰小麦首先聚

---

① "老科学家学术成长资料采集工程"采集资料，国家自然科学基金资助项目研究工作总结，编号DA-009-009，原稿存于南京农业大学档案馆。

② "老科学家学术成长资料采集工程"采集资料，陈佩度访谈，2013年3月29日，南京，资料现存于采集工程数据库。

为一类，然后与其他六倍体小麦聚为一类，两种小麦具有较近亲缘关系。上述研究结论从DNA分子层面支持了"波兰小麦种质的渗入对新疆小麦的形成具有重要作用"的观点，进一步验证了1988年科研团队得出的相关结论。这一系列的研究成果也充分表明刘大钧作为著名科学家，始终能够敏锐地掌握学科前沿技术，长期关注并深入研究目标作物，诸如云南小麦亚种、西藏半野生小麦和新疆小麦的起源进化与遗传学分析，从染色体分带技术开始，直至DNA分子技术研究，十余年如一日，坚持不懈。

与其共事30余年的张守忠中肯地评价，"刘先生一生从事小麦遗传育种研究，取得了卓越的成就，是真正的学术大师。他领衔的学术梯队建设得到国内外同行赞誉，从老一辈领军人物到第二代科研骨干，像陈佩度、吴琴生、杨世湖，然后再到年轻一点的精英新秀，像王秀娥等，均脱颖而出。科研团队的创立、发展和建设，从另外一个方面体现了刘先生的工作思路整体站位高，具有前瞻性思维。我认为一个科研团队不仅要有真正的科学大师，而且还要有科研上的领军人物，而刘先生作为领军人物，他的工作思路、工作方法和工作态度，都值得年轻人去学习、去效仿。用一句话评价刘先生那就是'学术型的大师，智慧型的领导'。"

刘大钧渊博的知识固然与家学渊源和良好教育有关，但他本人对新知识新技术的虚心好学和孜孜以求的态度是成功的关键所在。刘大钧作为南农校长，每天要处理数量众多的行政事务，还要承担研究生教学科研工作，尽管当时已经60多岁，但他对于学习新生事物的热情却丝毫不减。刘大钧不仅担任江苏省遗传学会理事长，而且在多个全国性学会担任学术职务或学术杂志编委。这些学术兼职使他对很多领域都有较为全面的了解，诸如医学、动物和微生物遗传学以及交叉学科等。向他人学习是刘大钧最优秀的学术品质之一，为研究生开设文献阅读课程是他了解国际领域技术进展的窗口，他自己喜欢阅读各种专业文献，还特别喜欢与年轻教师和研究生讨论一些他不清楚的方法、技术或问题，并通过各种渠道去了解最新信息和最新进展。

刘大钧每次从国外访问回来，都要向实验室的师生交流国外见闻和个人心得。1996年，刘大钧和陈佩度访问美国德克萨斯州农工大学，与国外同行交流并探讨合作的机会，取得了一些意外收获，他的兴奋之情溢于言表。1998年，第九届国际小麦遗传学会议在加拿大举行，在国外工作的多位南农细胞遗传实验室毕业生参加会议，这使刘大钧非常高兴，他抓住这次难得的机会组织了一次"海外小聚会"，号召大家为母校的科研发展献计献策。

刘大钧科研成就斐然，但为人一向低调，从不宣扬自己，有关他的个人情况或传记资料极少，弟子们也继承了老师的优秀品质，在南农校园网站或业务单位的新闻宣传报道中，只能找到他个人或科研团队的简单介绍，他本人不接受媒体单位对他的宣传报道。这充分验证了一句话：上善若水，厚德载物，修养越高的人，越谦卑。

附 录 一

刘大钧大事年表

1926年

7月2日（阴历5月23日），出生于江苏省常州市武进县马蹄巷（又称庙西巷）20号。刘大钧在家中排行第四，第二子，共有兄弟姐妹7人，按年龄顺序依次为：刘玉（女）、刘寿（女）、刘大鏊、刘大钧、刘淑华（女）、刘绮纹（女）、刘佩玲（女）。

父亲：刘介堂（1881—1962年），又名刘同、刘伯和。先后就读于河北保定高等学堂、北洋大学堂矿冶系，1912年毕业后至大陆探矿公司任探矿工程师，后在福利民铁矿公司马鞍山矿场任工程师、总工程师、矿山经理、矿长等职。1941年在汪伪政府农矿部矿业司任科长，后在实业部矿业司任科长，兼任汪伪"官商合办"馒头山煤矿公司及汪伪煤焦管理处顾问等职，抗日战争结束后在若干私营煤矿公司任顾问。

母亲：吴英（1887—1985年），家庭妇女，出身于官僚家庭，接受过初等教育，能读书看报。

1931年

9月，到江苏省武进县私立织机坊小学（旧名女西校）读一年级。

1935年

9月，从织机坊小学转至县立武阳小学五年级学习。

1936年

9月，由于年幼贪玩，未达到武阳小学要求，留级一年，并接受初级童子军训练。

1937年

12月，日军从南北两线全面侵略中国，江苏形势危急，学校关闭，辍学在家，开始随家庭逃难，先后辗转镇江、汉口、广州、香港等地。

1938年

3月，为了寻找因战乱失联的父亲，母亲带着7个孩子从香港转移到上海，通过同乡与父亲取得联系，不久父亲到达上海，全家人在上海法租界团聚。

9月，进入上海私立齐鲁小学（山东会馆开办），读六年级。

1939年

9月，进入上海国立晓光中学读初一。

1941年

12月，太平洋战争全面爆发。日军入侵上海租界，上海晓光中学被迫解散，不得不再次辍学。

1942年

1月，举家迁居江苏省南京市。

2月，进入汪伪政府开办的国立南京模范中学读初三。

7月，南京模范中学初中毕业。

9月，考入南京伪中央大学附属实验中学读高中一年级。

1943年

7月，在伪中央大学附属实验中学就读期间，因不愿接受学校的汉奸思想教育和剃光头等所谓的"校规"，参加"闹饭厅"、罢课示威等活动，触怒了校长、教导主任，被开除学籍，但出具了一份高二肄业证明书。

9月，以同等学力资格考入南京伪中央大学艺术系，就读一年级，学习美术专业。

1944年

9月，因受父母"学好技术走遍天下"和振兴中国落后农业等思想影响，申请转学农艺专业，被批准后转入农艺系重读一年级。

1945年

8月，抗日战争胜利，汪伪中央大学关闭，在南京等候国民党政府安排就读。

11月，进入南京临时大学农艺系读二年级。

12月，参加南京反内战、争民主的"一二·一"学生运动。

1946年

8月，南京临时大学关闭，再次等候国民党教育部重新分配。

10月，与过益先、郑德庆、戴文俊、王竹（王文甲）等同学，被分配到浙江金华英士大学农艺系三年级学习。

1947年

1月，在英士大学就读期间备受歧视，经常被校三青团学生无缘无故殴打，而校方则偏袒打人者，在一次三青团学生殴打过益先等同学后，校方竟然做出开除被殴同学决定，出于义愤和同情，刘大钧决定放弃就读英士大学，返回南京。

2月，考入南京金陵大学农艺系，重读三年级，在靳自重、王绶、章锡昌等教授影响下刻苦攻读农学。

5月，参加全国"五·二〇"反饥饿、反内战、反迫害学生运动。

1948年

5月，参加"五·二一"营救被捕学生运动。

7月，与陆懋曾、章熙谷、王孟瑞等8名同学，由农学系主任靳自重介绍，到台湾大学农学院实习一个月。

1949年

4月，参加反对"假和平"游行，即"四·一"学生运动，参加南京解放前的护校斗争和迎接解放军入城等活动。

7月，毕业于南京金陵大学农学系，由农学系主任靳自重先生推荐留校任教，协助做实验室工作。

9月，升任助教，承担遗传育种学、作物栽培学的实习指导和课堂辅导等工作。

1950年

5月，由郑振源介绍，加入中国新民主主义青年团。

12月，在南京参加中华农学会会议，被选为理事。

1951年

1月，参加南京市郊区土地改革运动，任第10区人民法庭书记员。参加农村的镇压反革命斗争，结束后回校工作。

1952年

8月，参加南京金陵大学"三反"运动。被派往安徽省做农业调查工作，任副大队长，担任临时团支部书记工作。

10月，全国院校大调整，原中央大学农学院与金陵大学农学院以及浙江大学部分专业合并，成立南京农学院。在学院担任助教，承担遗传育种学教学工作，兼任系秘书、团教员支部宣传委员。

1953年

9月，职称晋升为讲师，兼任系教务员、团总支宣委、教员支部书记。

1954年

2月1日，与本校植保系教师陆家云结婚。

9月，兼任农学系秘书。

11月4日，儿子刘光宇出生。

1955年

4月12日，由罗春梅、王泰伦介绍加入中国共产党，成为预备党员。

7月，被选拔赴苏联莫斯科季米里亚捷夫农学院进修，专攻作物遗传育种。

10月，在苏联莫斯科季米里亚捷夫农学院从事硬粒冬小麦研究，针对普通冬小麦和硬粒春小麦间的种间杂交开展研究。

1956年

8月，在苏联莫斯科季米里亚捷夫农学院转为正式研究生，主要从事普通冬小麦和硬粒春小麦受精选择性生理机制研究。

11月19日，在季米里亚捷夫农学院转为中国共产党正式党员。

1957年

11月，毛泽东率领中国代表团访问苏联，与其他留学生代表一起受到毛泽东主席接见。

1958年

发表学术论文《春小麦不同品种生殖器官的酶活性》（俄文，苏联《季米里亚捷夫农学院报告》第39期）。

1959年

发表学术论文《春小麦不同品种授粉时雌蕊中放射性磷的积累》（俄文，苏联《季米里亚捷夫农学院报告》第46期）、《花粉粒相互作用的显微镜观察》（俄文，苏联《农业生物学》第2期）、《春小麦用不同品种花粉授粉时雌蕊中放射性磷的积累》（俄文，苏联《农业科学通报》第12期）。

12月，获得苏联季米里亚捷夫农学院生物科学副博士学位，学位论文题目为《硬粒冬小麦及春小麦受精选择性生理机制的研究》。

1960年

1—2月，根据组织安排，在苏联季米里亚捷夫农学院国际原子能农业利用培训班学习辐射育种相关理论和知识。

3—4月，回国后在北京外语学院参加归国留学生政治学习。

5月，返回南京农学院，继续从事教学工作。

开始利用小麦与黑麦进行属间杂交研究，与同事们共同开展作物细胞胚胎学实验室建设，制作一批作物细胞胚胎学切片和涂片，供教学使用。

1961年

针对小麦辐射育种进行理论探索，主要研究内容：临界剂量、变异类型、应用价值等。

7月17日，女儿刘光仪出生。

1962年

发表学术论文《高等植物的生殖与遗传》（《遗传学集刊》第

1集)。

编写遗传育种专业教材《作物生殖生物学》(约10万字)。

父亲刘介堂病逝，母亲吴英移居南京共同生活。

1963年

发表学术论文《小麦与黑麦杂交时之结实率与性状遗传》(《遗传学集刊》第2集)、《苏联的小麦育种》(《农业科学技术参考资料》10月刊)、《苏联的小麦育种辐射与作物育种》(12月15日《文汇报》第3版)。

编写校内教材《遗传学》。

参加江苏省作物育种协会的科学演讲会，讲授《苏联小麦育种》，深受与会人员好评。

1964年

2月，中国农业科学院和南京农学院联合成立小麦品种研究室，金善宝教授兼任主任。研究室下设品种资源组、育种组和遗传组，刘大钧担任遗传组组长。

8月，参加盐城地委农村社会主义教育工作队，担任工作组副组长。

9月，受聘《遗传学报》编委。

兼任南京农学院农学系党总支委员、教师党支部书记。

合作发表学术论文《小麦的杂种优势》(《农业译丛》第11期)。

1965年

发表学术论文《冬小麦细胞质雄性不育的研究与利用》(《农业译丛》第2期)。

1966年

"文化大革命"爆发，学校教学科研工作陷于全面瘫痪，随学校教师到江浦农场劳动。

1967年

学生大串联返校后，学校教学科研工作得到部分恢复。

1968年

与陆维忠、陈佩度等同事合作，利用钴（^{60}Co）-γ射线处理意大利小麦品种ST1472/506干种子，经过井冈山异地加代选育，获得一批优良变异材料。

1969年

继续加代培育变异材料。

1971年

10月，在前期获选材料基础上决选出701突变系，基本上保持了原意大利品种ST1472/506矮秆、大穗等优点，初步克服了成熟不够正常、籽粒不够饱满等缺点，千粒重提高了2克左右，性状基本稳定。

1972年

1月，在"南农701"小麦新品种培育的关键时刻，江苏省委决定南京农学院与扬州的苏北农学院合并，成立江苏农学院，小麦品种研究室下放至江苏省农业科学研究所，刘大钧随同南京农学院师生搬迁至扬州，继续担任讲师。

5 6月，参加江苏省相关部门组织的三麦调研队，对扬州、盐城地区小麦生产进行调研。"南农701"参加江苏省区域试验（淮南组），扩大试种范围。

10月，编译完成《意大利冬小麦育种》一书。

11月，翻译完成《农业研究与教育》《原生质融合》两篇论文。

为适应工农兵学员的教学任务，编写农学专业教材《作物育种学》。

1973年

4—5月，江苏省小麦赤霉病大流行，刘大钧主持选育的"南农701"小麦品种在感病较重的情况下，参加全省多个小麦区试，表现优秀，取得平均产量第二的好成绩。

参加中国农林科学院情报研究所组织的国外农业文献编译工作。

1974年

4月，应邀参加在河南省偃师市召开的《小麦育种学》教材编写会议。

8月，参加在江西庐山召开的南方冬麦区小麦科研协作座谈会。

1975年

5月，根据中法两国协定，中国将派农业考察团回访法国，刘大钧作为访问人选到北京参加出国前培训。

6—7月，受农林部委派，对法国的小麦和玉米育种技术、栽培措施以及良种繁育制度进行考察；获悉原产于地中海一带的野生杂草簇毛麦抗小麦赤霉病的重要信息。

7月，从法国返回北京后，利用一个月时间进行总结汇报，提交了3万多字的考察报告。

8月，返回南京，向江苏省农林局领导汇报赴法国考察情况。

11月，参编著作《国外农业概况》由中国科学出版社正式出版。

"南农701"小麦品种正式定名"宁麦3号"。

1976年

在江苏省农科所参加小麦育种协作研究，主要从事聚合杂交和小麦亲缘植物染色体转移研究。

4月，发表学术论文《小麦高产育种的探讨》（《江苏农业科技》第4期）。

5月，接待以Dr. Brasted和Dr. Bucsh为代表的美国小麦考察团，针对小麦杂交育种方法进行交流。

9月，接待德意志联邦共和国小麦育种考察团。

10月，主持课题《异属染色体导入小麦的研究》；搜集亲缘植物，配置属间杂交，获得杂种与回交后代，进行性状与细胞学鉴定。

参编著作《小麦育种学》由中国科学出版社正式出版。

通过南京中山植物园，从英国剑桥博物园引进一批簇毛麦种子，开始用普通小麦与簇毛麦杂交，在国内率先开展簇毛麦种质利用研究。

1977年

1月，江苏省农林局举办农业科技短训班，刘大钧作专题报告"作物育种的遗传学基础知识"。

4月，发表学术论文《小麦高产育种问题》(《中国农业科学》第2期)。

在江苏省小麦育种协作会上作学术报告"小麦的早熟性遗传"。

1978年

3月，学校恢复职称评定工作，经江苏农学院（扬州）职称评定委员会评审，刘大钧评聘为副教授。

参加全国农学专业统一教材《作物育种学》编写工作。

以吴兆苏副教授名义招收硕士研究生陈佩度入学，由刘大钧负责其学习与科研工作，毕业后留校任教，成为刘大钧教学科研工作主要助手和重要合作者。

由于主持研制"宁麦3号""宁麦4号"，荣获江苏省革命委员会科技贡献奖。

1979年

1月，经中央批准，南京农学院原址复校，刘大钧随校返回南京。

2月，参加在安徽合肥召开的全国农作物育种资源工作会议。发表学术论文《作物育种技术的现代化》(《自然辩证法通讯》第1期)。

10月，担任南京农学院育种教研组副主任。

参加中国遗传学会会议，被选为常务理事兼植物遗传专业委员会主任。

筹建作物细胞遗传学实验室。

参编教材《作物育种学》由中国农业出版社正式出版。

被中国作物学会、中国农业科学院作物科学研究所聘为《作物学报》编委。

招收硕士研究生杨世湖、吴琴生、陈天佑。

1980年

3月，发表学术论文《遗传资源与作物育种》(《南京农学院学报》第1期)。

4月，以高级访问学者身份赴美国密苏里大学农学院国际著名小麦细胞遗传学家E. R. Sears教授实验室开展合作研究。访问期间，到美国堪萨斯州立大学、康乃尔大学、肯塔基州立大学、加州戴维斯大学、墨西哥国际玉米与小麦改良中心考察小麦育种研究。

7月，被任命为南京农学院农学系副主任。

1981年

3月，申报农业部项目"小麦远缘杂交与遗传规律研究"，获得立项资助。

12月，担任南京农学院农学系主任。参加中国遗传学会换届会议，被选为中国遗传学会副理事长。发表学术论文《非整倍体在小麦遗传育种研究中的应用》(《南京农学院学报》第4期)。

1982年

1月，被农牧渔业部任命为南京农学院副院长，主管教学工作。

8月，被选为南京农学院党委委员。

9月，为了落实"六五"科技攻关计划，参加国家科委在北京召开的小型论证会议。

11月，申报项目"普通小麦—簇毛麦染色体异附加系培育"获国家科委立项资助。

通过对小麦—簇毛麦、小麦—偃麦草之间杂种后代的细胞学分析和性状鉴定，初步获得一批转育抗白粉病和蛋白质含量高的外来添加材料以及两个双二倍体材料。

与陆维忠、陈佩度等人合作，在《江苏农业科学》《南京农学院学报》发表学术论文《高产小麦品种宁麦3号的选育》《普通小麦与簇毛麦杂种后代的细胞遗传学研究》。

合作译著《世界小麦》由中国农业出版社正式出版。

首位硕士研究生陈佩度毕业，学位论文题目《将簇毛麦种质直接导入普通小麦的研究》。

招收硕士研究生吴沛良、陈文品。

1983年

5月，被农牧渔业部评聘为教授。

9月，被中国科学院生物学部聘为生物学部学科组成员。

10月，被聘为农牧渔业部第一届科学技术委员会委员、常务委员。在京参加中国作物学会会议，被选为常务理事、副理事长。

申报的课题"细胞工程——植物染色体工程"正式列入国家重点科研项目。

12月，被农牧渔业部任命为南京农学院院长。主持培育的高产小麦新品种"宁麦3号"获农牧渔业部技术改进奖一等奖。

招收硕士研究生：齐莉莉、蔡习文、蒋继明、颜旸。

1984年

7月，申报项目"我国小麦起源进化和特有种质利用研究"获国家自然科学基金委立项资助。

10月，南京农学院更名为南京农业大学，担任南京农业大学首任校长。

科研工作获得重要进展，获得一个$2n = 44$小麦新种质。

对披碱草属（*Elymus*）、冰草属（*Agropyron*）等近缘属植物的抗赤霉病进行初步鉴定，开始将它们与小麦杂交，对杂种幼胚进行离体培养。

11月，被中国科学院聘为《中国科学》《科学画报》编委。

12月，被聘为中国农业科学院第二届学术委员会委员。

招收硕士研究生：李锁平、徐利远。

1985年

2月，被国务院学位委员会聘为第二届植物栽培与遗传育种学科评议组副组长。

4月，率团赴荷兰瓦赫宁根大学商谈建立校际合作交流事宜，并签订合作协议。

选育出一批抗白粉病、有一定恢复力的小麦—簇毛麦杂种材料。

筛选鉴定出普通小麦的V_3、V_4和V_6附加系。

利用染色体N—分带技术成功鉴别簇毛麦的全部7条染色体。

9月，获农牧渔业部部属重点农业高校优秀教师奖。

赴美国芝加哥参加"中国农业教育与科技"国际讨论会。

招收硕士研究生：翁益群、杨天宝。

母亲吴英无疾而终。

1986年

3月，成立南京农业大学细胞遗传研究室，兼任研究室主任。

6月，申报项目"小麦及亲缘植物基因的染色体定位"获农牧渔业部"七五"重点科技项目资助。

7月，申报项目"普通小麦的簇毛麦染色体异附加系培育"获国家"七五"科技重点攻关项目资助。出席在英国剑桥举行的"生物科学与作物改良"国际学术研讨会。

8月，完成译著《细胞遗传学》（美国学者 J. Schulz-Schaeffer 著），由江苏科学技术出版社出版。

9月，主持的"硬粒小麦—簇毛麦双倍体"科研成果获农牧渔业部科学技术进步奖三等奖。

10月，参加在日本东京举办的中日大学校长会议，刘大钧流利的英语交流能力震惊中日大学校长。

12月，被聘为农业部生物技术专家顾问组组长。

从国内外搜集到多年生黑麦草品种66个、多花黑麦草35个、杂种黑麦草8个、羊茅品种41个。

招收硕士研究生：黄迎春、马正强、吴明兴、张杭、董凤高。

1987年

5月，被《大辞海》编辑委员会聘为编委，兼农业科学卷主编。

7月，参加墨西哥国际玉米小麦改良中心专家顾问会议。

8月，与吴琴生赴京参加国家"863"项目申报会，在他的指导下，吴琴生申报的"小麦原生质体培养"获批国家"863"项目资助，这是南京农业大学首次获得该项目。

再次当选中国遗传学会常务理事，兼植物遗传专业委员会主任。

"小麦抗病优质基因库建拓"获国际合作项目支持。

招收博士研究生：陈文品；招收硕士研究生：罗南平、成贵明、杨木军。

1988年

4月，在京参加中国农业科学院举行的中国作物学会会议，再次当选理事会常务理事、副理事长。

5月，再次被聘为农业部第二届科学技术委员会委员，任期4年。

7月，参加在英国剑桥举行的第七届国际小麦遗传学会议。再次被中国科学院聘为《中国科学》《科学通报》编委。

9月，接待苏联莫斯科季米里亚捷夫农学院副院长A.B.波沙塔也夫和党委书记B.M.哈朗斯基一行来访。

12月，被农业出版社聘为《农业大词典》编委会副主任。

科研团队综合应用性状鉴定、核型分析、组型分析和N—分带技术，将簇毛麦对白粉病免疫的基因定位于V_2染色体上。

招收博士研究生：马正强；招收硕士研究生：邓启铜、王兆梯、张航宁；陈佩度通过在职博士论文答辩。

1989年

9月，细胞遗传研究室在"细胞工程培育农作物、经济作物高产优质、抗逆新品种"和"七五"国家重点科技攻关专题中表现优异，荣获国家计划委员会、国家科学技术委员会、财政部三部委联合颁发的集体荣誉证书。

12月，率团回访苏联莫斯科季米里亚捷夫农学院，双方拟定了合作计划，明确在教学、思想教育、科学研究等方面人员交流和互换学术刊物的具体计划。

招收博士研究生：刘宝；招收硕士研究生：吴丽芳、邢登辉、曹明树、陆瑞菊。

1990年

3月，被中国农业科学院聘为《中国小麦学》编委。在南京农业大学举办中国遗传学会植物遗传理论与应用研讨会。

6月，"簇毛麦种质导入小麦及其利用的研究"科研成果通过专家鉴定。

7月，代表学校赴江西商谈共建赣中红壤实验区。

8月，出席美国密苏里哥伦比亚第二届国际植物染色体操作会议。

12月，获国家教育委员会颁发从事高校科技工作40年成绩显著奖。

参加陈佩度、齐莉莉主持的课题"小麦抗白粉病生物技术育种"，获国家"863"项目资助。

招收博士研究生：李万隆、张航宁；招收硕士研究生：王秀娥、吴敏生。

1991年

4月，在郑州参加中国遗传学会植物遗传委员会会议，再次当选主任。

9月，科研项目"麦类作物染色体图像电脑自动分析研究"（第三完成人）获农业部科技进步奖三等奖。

10月，享受国务院政府特殊津贴。申报项目"生物技术实用化研究——小麦抗赤霉病亲缘种属染色体异附加系培育"获国家科委立项资助。

11月，申报项目"DNA原位杂交与染色体分带技术在检测小麦外缘染色质中的综合应用"获农业部立项资助。因年龄原因，卸任南京农业大学校长职务。

受聘江苏省第一届学位委员会委员。

招收硕士研究生：汪杏芬、任晓琴。

1992年

4月，受聘国务院学位委员会第三届植物栽培与遗传育种学科评议组成员。

与陈佩度合作申请项目"小麦抗白粉病的RFLP研究"获农业部"八五"重大科技项目立项资助。

11月，科研成果"普通小麦—簇毛麦异附加系、代换系"获农业部科技进步奖三等奖。

受聘《遗传学报》副主编。

12月，主编《生物技术》一书由江苏科学技术出版社出版。

招收博士研究生：柴守诚。

1993年

5月，受聘国家自然科学基金委《自然科学进展》杂志第二届编委。

7月，受国际小麦遗传学会委托，联合中国科学院等单位，在北京举办第八届国际小麦遗传学会议，受聘国际小麦遗传学会地方组织委员会委员。

9月，被江苏省教育委员会、江苏省学位委员会授予"江苏省优秀研究生指导教师"荣誉称号。荣获江苏省第三届教书育人奖。

发现二倍体物种簇毛麦高抗白粉病，用细胞遗传学与分子生物学技术相结合，将该抗病基因定位于簇毛麦6V染色体短臂，由国际小麦基因命名委员会正式命名为 *Pm21*。

招收博士研究生：王秀娥。

1994年

组织申报美国麦克奈特基金会作物合作研究项目，并成功获得立项资助。

受聘国家教委"211"工程咨询组专家。

5月，受聘农业部部属高校"211"工程预审工作组专家。

招收博士研究生：刘金元。

1995年

10月，根据麦克奈特基金会农作物合作项目要求，赴美国合作研究，期间访问了美国政府相关管理部门和麦氏基金监管委员会。

招收博士研究生：万平、陶文静。

1996年

7月，受聘农业部"211工程"立项论证综合组专家。

8月，参编著作《中国小麦学》（金善宝主编）由中国农业出版社出版。

9月，受聘农业部重点开放实验室——南京农业大学"农作物种质资源与育种"实验室学术委员会委员。

12月，主持的科研项目"抗白粉病普通小麦—簇毛麦易位系选育及Pm21基因染色体定位"获农业部科技进步奖二等奖。参编的《高科技知识丛书》获国家科学技术委员会科技进步奖三等奖，刘大钧担任《生物技术》分册主编。

招收博士研究生：方玉达、黄剑华、房经贵。

1997年

4月，受聘国家教委国家级普通高等学校教学成果奖评审委员会副主任委员。

7月，受聘中国农业大学生物技术国家实验室第二届学术委员会委员。

11月，参与的小麦新品种"扬麦158号"项目（第10完成人）获农业部1997年度部级科学技术进步奖一等奖。

12月，"小麦抗白粉病易位系选育及*Pm21*基因定位"获国家技术发明奖三等奖。

招收博士研究生：亓增军、牛吉山。

指导的在职博士生齐莉莉、季静通过博士学位论文答辩。

1998年

5月31日，经学校批准退休。

与陈佩度共同主持的美国麦克奈特基金会作物合作研究项目第二期项目成功获批。

与陈佩度、陈文品、齐莉莉等，赴加拿大萨斯卡通参加第九届国际小麦遗传学大会，被选为第十届国际小麦遗传大会组委会委员。

指导的博士研究生刘金元、陶文静毕业。

1999年

1月，主持的科研项目"小麦异染色体系及近缘物种的细胞与分子遗传学研究"获教育部（基础类）科技进步奖一等奖。

5月，主编的《细胞遗传学》由中国农业出版社出版。

6月，出席在美国塔霍湖市举行的麦氏基金第二次作物合作研究会议并做研究工作汇报；与陈佩度访问明尼苏达大学、北达科达州立大学、密歇根大学、华盛顿州立大学等，在北达科达州立大学和华盛顿州立大学作学术报告"小麦育种染色体和DNA技术""中国赤霉病抗性遗传和育种"。

10—11月，与陈佩度参加在盐湖城举办的美国农学会年会。

11月，受聘西北农林大学《麦类作物学报》编委。

12月13日，当选为中国工程院院士。

指导的博士研究生方玉达毕业。

2000年

5月，主持在南京、苏州召开的第一届国际小麦赤霉病抗性改良研讨会，该研讨会由刘大钧发起，计划每4年召开一次，由相关国家研究机构主办。

7月，参与的申报项目"小麦抗白粉病基因 *Pm21* 的分离与克隆研究"（陈佩度主持）获科技部转基因专项资助。

10月，获何梁何利基金科学与技术进步奖。

12月22日，《南京日报》整版报道《"基因"与爱的沃野》，这是新闻媒体首次大篇幅介绍刘大钧的事业与家庭情况。

招收博士研究生：庄丽芳。

2001年

与陈佩度、马正强合作主持的美国麦克奈特基金会作物合作研究项目第三期申报成功。

5月，与陈佩度、王秀娥访问意大利，考察意大利小麦资源和育种现状，完成农业部"948"项目。

招收博士研究生：王海燕、李新燕。

2002年

申请项目"我国小麦抗赤霉病资源抗性类型的研究"获国家自然科学基金资助。

科研项目"小麦重要基因的发掘和分子遗传研究"获教育部科学技术奖（自然科学）一等奖。

招收博士研究生：裴自友、李锁平。

2003年

1月，科研项目"小麦重要基因的发掘和分子遗传研究"获教育部科技进步奖一等奖（第2完成人）。

指导的博士研究生庄丽芳毕业。

2004年

参与的项目"水稻、小麦重要抗病基因的克隆和应用研究"（陈佩度主持）获国家"863"项目资助。

招收博士研究生：李方、马璐琳；招收硕士研究生：李亚浩。

招收博士后：刘正辉。

2005年

与张齐生院士共同承担"我国高等农林教育发展战略研究"科研项目。

7月，参加学校为其主办的八十寿诞庆祝会，不久因病在家静养。

招收博士研究生：尚毅；招收硕士研究生：林小涵。

2008年

12月，主编《大辞海·农业科学卷》，由上海辞书出版社出版。

2012年

参与的项目"小麦—簇毛麦远缘新种质创制及应用"获国家技术发明奖二等奖（排名第三）。

2013年

龙虎网报道《人才与科教名城的骄傲 南京地区主要获奖项目先睹为快》，介绍了刘大钧科研团队所获奖项。

南京农业大学党委宣传部报道《风吹麦穗香满园，记2012年国家技术发明奖二等奖获得者陈佩度教授团队》，此项成果刘大钧排名第三。

2016年

8月，病逝于江苏南京。

附|录|二

刘大钧主要论著目录

一、独著（第一作者）论文

（1）Лю Д а-цзюнь. Активность ферментов генеративных органов разных сортов яровои пшеницы. Д оклад ТСХА，1958，（39）：73–76.

（2）Лю Д а-цзюнь. Накопление радиоактивного фосфора в пестиках яровои пшеницы при опылении ее пыльного разных сортов. Вестник Сельскохозяиственнои Науки，1959，（12）：120–125.

（3）Лю Да-цзюнь. Микроскопические наблюдения за взаимоде иствием пыльцевых зерен. Агробиология，1959，（2）：288–291.

（4）Лю Да-цзюнь. Избирательность оплодотворерия в связи физиологическои характеристикои пыльцы и рылец у яровои пше ницы. Доклад ТСХА，1959，1–20.

（5）Лю Да-цзюнь. Накопление радиоактивного фосфора в пес тиках при опылении пыльцои разных сортов яровои пшеницы. Д ок лад ТСХА，1959，（46）：195–202.

（6）刘大钧. 高等植物的生殖与遗传. 遗传学集刊（1），1962，73–85.

（7）刘大钧. 论目前我国遗传学争论中的根本分歧. 文汇报，1962-6–29.

（8）刘大钧. 苏联的小麦育种辐射与作物育种. 文汇报，1963-12–15.

（9）刘大钧. 小麦与黑麦杂交时之结实率与性状遗传. 遗传学集刊（2），1963，21–34.

（10）刘大钧. 小麦高产育种的探讨. 江苏农业科技，1976，（4）：26–35.

（11）刘大钧. 小麦高产育种问题. 中国农业科学，1977，（2）：34–42.

（12）刘大钧. 作物育种技术的现代化. 自然辩证法通讯，1979，

（1）：25-27.

（13）刘大钧. 遗传资源与作物育种. 南京农学院学报，1980，3（1）：53-57.

（14）刘大钧. 非整倍体在小麦遗传育种研究中的应用. 南京农学院学报，1981，4（4）：1-11.

（15）刘大钧. 赴墨西哥国际小麦玉米改良中心（CIMMYT）和在美国一些单位考察育种的体会. 南京农学院教师出国访问考察报告，1982，（3）：1-7.

（16）LIU D J, KIMBER G. The utilization of 4x amphidiploids in the genomic analysis of wheat. Z. Pflanzenzuchtung，1982，（88）：302-310.

（17）刘大钧，陈佩度，裴广铮，王耀南. 将簇毛麦种质转移给小麦的研究. 遗传学报，1983，10（2）：103-113.

（18）刘大钧，杨世湖. 普通小麦×中间偃麦草杂种配子及后代类型形成途径的细胞遗传学研究. 作物学报，1983，9（4）：225-232.

（19）刘大钧，金培尔. 4×双二倍体在小麦染色体组分析中的应用. 南京农学院学报，1983，6（2）：1-8.

（20）刘大钧，陈佩度. 簇毛麦和硬粒小麦—簇毛麦双二倍体的N-分带. 遗传学报，1984，11（2）：106-108.

（21）刘大钧. 小麦育种工作现代化与外源种质的利用. 福建稻麦科技，1984，（2）：9-16.

（22）刘大钧，陈佩度，吴沛良，王耀南，邱伯行，王苏玲. 硬粒小麦—簇毛麦双二倍体. 作物学报，1986，12（3）：155-162.

（23）刘大钧，陈佩度. 具有簇毛麦优良性状的种质资源. 小麦育种通讯，1988，（1）：11-12.

（24）刘大钧，翁益群，陈佩度，王耀南. 从鹅观草和巨大冰麦草向普通小麦转移赤霉病抗性的研究. 江苏农业科学，1989，（1）：97-100.

（25）刘大钧，翁益群. 生物技术与作物育种——现状与潜力综述. 南京农业大学学报，1990，13（3）：1-12.

（26）刘大钧. 向小麦转移外源抗病性回顾与展望. 南京农业大学学报，1994，17（3）：1–7.

（27）刘大钧. 外源基因在小麦育种中的利用. 作物杂志，1994，42（6）：1–7.

（28）刘大钧，齐莉莉，陈佩度，周波，张守忠等. 导入小麦的外源染色体片段的准确鉴定及外源抗性基因的稳定性分析. 遗传学报，1996，23（1）：18–23.

（29）刘大钧，齐莉莉，王苏玲，周波，陈佩度. 簇毛麦6V染色体缺失系的鉴定和RFLP标图. 遗传，1998，（20，增刊）：125.

二、主编（译编）著作

（1）刘大钧译著. 细胞遗传学（美，J. Schulz–Schaeffer著），南京：江苏省科学技术出版社，1986.

（2）刘大钧主编. 生物技术（高科技知识丛书）.南京：江苏科学技术出版社，1992.

（3）刘大钧主编. 细胞遗传学（全国高等农业院校教材）. 北京：中国农业出版社，1999.

（4）刘大钧主编. 大辞海·农业科学卷. 上海：上海辞书出版社，2008.

附|录|三
刘大钧主持的重要科研项目

（1）小麦亲缘植物染色体的导入，主持人：刘大钧；项目来源：农业部；完成时间：1979—1985年；项目经费：3万元。

（2）小麦远缘杂交与遗传规律，主持人：刘大钧；项目来源：农业部；完成时间：1981—1985年；项目经费：4万元。

（3）普通小麦—簇毛麦染色体异附加系培育，主持人：刘大钧；项目来源：国家科委；完成时间：1982—1985年；项目经费：不详。

（4）我国小麦起源进化和特有种质利用研究，主持人：刘大钧、陈佩度；项目来源：国家自然科学基金委；完成时间：1984—1988年；项目经费：5万元；课题编号：84838257。

（5）主要农作物生物技术研究，主持人：刘大钧；项目来源：江苏省科委；完成时间：1986—1988年；项目经费：4.5万元；课题编号：85542。

（6）普通小麦—簇毛麦染色体异附加系培育，主持人：刘大钧；项目来源：国家科委；完成时间：1986—1990年；项目经费：5万元；课题编号：75-71-05-01。

（7）利用近缘种属创造新种质，主持人：刘大钧；项目来源：国家科委；完成时间：1986—1990年；项目经费：4万元；课题编号：75-02-02-02。

（8）小麦及其亲缘植物基因的染色体定位，主持人：刘大钧；项目来源：农业部；完成时间：1986—1990年；项目经费：8.6万元；课题编号：农02-02。

（9）黑麦草原生质体培养，主持人：刘大钧；项目来源：农业部；完成时间：1986—1990年；项目经费：6.7万元；课题编号：农03-01。

（10）利用羊茅改良多花黑麦草越夏性，主持人：刘大钧；项目来源：农业部；完成时间：1986—1990年；项目经费：7.8万元；课题编号：牧03-14。

（11）小麦抗病（以抗赤霉病为主）优质基因库建拓，主持人：刘大钧；项目来源：国际合作；完成时间：1987—1989年；项目经费：5万美元。

（12）利用遗传工程技术转移小麦外源基因，主持人：刘大钧；项目来源：国家教委；完成时间：1987—1990年；项目经费：3.5万元；课题编号：870218。

（13）小麦原生质体培养，主持人：吴琴生、刘大钧；项目来源："863"计划；完成时间：1987—1990年；项目经费：40万元；课题编号：863-101-09-34。

（14）小麦原生质体培养，主持人：吴琴生、刘大钧；项目来源：国家教委；完成时间：1987—1990年；项目经费：8万元。

（15）小麦抗赤霉病变异体的选育，主持人：陈佩度、刘大钧；项目来源：江苏省科委；完成时间：1989—1991年；项目经费：3万元；课题编号：89101。

（16）籼稻原生质体培养和体细胞杂交技术研究，主持人：杨世湖、刘大钧；项目来源：江苏省科委；完成时间：1989—1991年；项目经费：3万元；课题编号：89102。

（17）小麦基因转化技术研究，主持人：吴琴生、刘大钧；项目来源：江苏省科委；完成时间：1989—1991年；项目经费：3万元；课题编号：89110。

（18）利用染色体工程转移小麦赤霉病抗性技术的研究，主持人：陈佩度、刘大钧；项目来源：国家教委；完成时间：1989—1992年；项目经费：3.5万元；课题编号：A 28901。

（19）小麦抗白粉病生物技术育种，主持人：齐莉莉、刘大钧；项目来源："863"计划；完成时间：1991—1993年；项目经费：27万元；课题编号：863-101-02-09。

（20）小麦亲本创新，主持人：陈佩度、刘大钧；项目来源：国家科委；完成时间：1991—1995年；项目经费：3.5万元；课题编号：85-02-02-03-3。

（21）小麦抗赤霉病亲缘种属异附加系培育，主持人：刘大钧；项目来源：国家科委；完成时间：1991—1995年；项目经费：6万元；课题编号：85-722-02。

（22）DNA 原位杂交和染色体分带在检测小麦外源染色质中的综合应用，主持人：刘大钧；项目来源：农业部；完成时间：1992—1994年；项目经费：5万元；课题编号：农08-01-03。

（23）黑麦草与羊茅杂种后代的染色体工程，主持人：陈文品、刘大钧；项目来源：国家基金委；完成时间：1992—1994年；项目经费：3万元。

（24）小麦抗白粉病性的RFLP研究，主持人：陈佩度、刘大钧；项目来源：农业部；完成时间：1992—1995年；项目经费：16万元；课题编号：85农11-01-01。

（25）用小麦花培技术培育抗赤霉病品种（系），主持人：翁益群、刘大钧；项目来源：农业部；完成时间：1992—1995年；项目经费：4万元；课题编号：85农11-01-02-08。

（26）水稻原生质体培养，主持人：杨世湖、刘大钧；项目来源：农业部；完成时间：1992—1995年；项目经费：5万元；课题编号：85农11-01-06。

（27）抗小麦赤霉病新种质的搜集、鉴定、转移和利用，主持人：陈佩度、刘大钧；项目来源：美国麦氏基金；完成时间：1995—1998年；项目经费：36.44万美元。

（28）抗白粉病基因$Pm21$分离、克隆的研究，主持人：陈佩度、刘大钧；项目来源："863"计划；完成时间：1998—2000年；项目经费：60万元；课题编号：Z-17-04-01。

（29）簇毛麦6V染色体缺失系列的创制和$Pm21$基因的精确定位，主持人：刘大钧；项目来源：国家基金委；完成时间：1998—2000年；项目经费：10万元；课题编号：39770413。

（30）抗小麦赤霉病新种质的搜集、鉴定、转移和利用，主持人：陈佩度、刘大钧；项目来源：美国麦氏基金；完成时间：1998—2001年；项目经费：53.43万美元。

（31）深入探究和进一步利用小麦抗赤霉病基因，主持人：陈佩度、刘大钧；项目来源：美国麦氏基金；完成时间：2001—2005年；项目经费：62.1万美元。

（32）我国小麦抗赤霉病资源抗性类型的研究，主持人：刘大钧、王秀娥；项目来源：国家基金委；完成时间：2002—2004年；项目经费：25万元；课题编号：30170578。

（33）小麦抗白粉病基因 $Pm6$ 的精确定位和克隆研究，主持人：刘大钧、王秀娥；项目来源：教育部博士点基金；完成时间：2003—2005年；项目经费：7.5万元；课题编号：20020307011。

（34）水稻、小麦重要抗病基因的克隆和应用研究，主持人：陈佩度、刘大钧；项目来源："863"计划；完成时间：2004—2005年；项目经费：30万元；课题编号：2004AA222140。

参 考 文 献

《南京农林人物志》编纂委员会，1999．南京农林人物志［M］．南京：南京出版社．

《南京农业大学发展史》编委会，2012．南京农业大学发展史·管理卷［M］．北京：中国农业出版社．

《南京农业大学发展史》编委会，2012．南京农业大学发展史·人物卷［M］．北京：中国农业出版社．

《南京农业大学发展史》编委会，2012．南京农业大学发展史·历史卷［M］．北京：中国农业出版社．

白鹤文，杜富全，闵宗殿，1996．中国近代农业科技史稿［M］．北京：中国农业出版社．

曹亚萍，2008．小麦的起源、进化与中国小麦遗传资源［J］．小麦研究，29（3）：1-10．

陈佩度，刘大钧，GILL B S，1986．染色体分带和非整倍体技术在小麦细胞遗传研究中的综合运用［J］．南京农业大学学报，9（4）：1-8．

陈佩度，刘大钧，1982．普通小麦与簇毛麦杂种后代的细胞遗传学研究［J］．南京农学院学报（4）：1-16．

陈天佑，刘大钧，1985．山羊草与普通小麦间杂交及减数分裂的观察［J］．南京农业大学学报（8）：8-16．

陈文品，刘大钧，1988．利用苇状羊茅改良黑麦草越夏性的初步研究［J］．中国草业科学，5（6）：19-26．

程顺和，张勇，别同德，等，2012．中国小麦赤霉病的危害及抗性遗传改良［J］．江苏农业学报，28（5）：938-942．

崔国惠，吴晓华，李元清，1998．植物染色体工程在小麦品种改良上的研究进展［J］．内蒙古农业科技（5）：35-38．

董凤高，陈佩度，刘大钧，1991．簇毛麦染色体的改良C-分带［J］．遗传学报，18（6）：525-528，581．

蒋继明，陈佩度，刘大钧，1989．硬粒小麦—簇毛麦—黑麦三属杂种及后代的形态和细胞遗传学研究［J］．南京农业大学学报，12（2）：1-5．

蒋继明，刘大钧，1989．大麦与小麦属间杂种的形态学和细胞遗传学研究［J］．遗传学报（1）：20-26．

金善宝，1996．中国小麦学［M］．北京：中国农业出版社．

李剑，张晓红，2013．此生情怀寄树草：张宏达传［M］．北京：中国科学技术出版社．

李佩珊，许良英，1989．20世纪科学技术简史（上、下）［M］．北京：科学出版社．

梁家勉，胡锡文，李长年，1989．中国农业科学技术史稿［M］．北京：中国农业出版社．

刘大钧，陈佩度，裴广铮，等，1983．将簇毛麦种质转移给小麦的研究［J］．遗传学报，10（2）：103-113，167．

刘大钧，陈佩度，吴沛良，等，1986．硬粒小麦—簇毛麦双二倍体［J］．作物学报，12（3）：155-162．

刘大钧，金培尔，1983．4×双二倍体在小麦染色体组分析中的利用［J］．南京农业大学学报（2）：1-8．

刘大钧，翁益群，1990．生物技术与作物育种：现状与潜力［J］．南京农业大学学报，13（3）：1-12．

刘大钧，杨世湖，1983．普通小麦×中间偃麦草杂种配子及后代类型形成途径的细胞遗传学研究［J］．作物学报，9（4）：225-232，289．

刘大钧，1981．非整倍体在小麦遗传育种研究中的利用［J］．南京农业大学学报，4（4）：21-31．

刘大钧，1963．苏联的小麦育种辐射与作物育种［N］．文汇报，12-15．

刘大钧，1962．高等植物的生殖与遗传［C］//中国科学院遗传研究所遗传学集刊第一集．北京：中国科学技术出版社．

刘大钧，1962．论目前我国遗传学争论中的根本分歧［N］．文汇报，06-29．

刘大钧，1992. 生物技术［M］. 南京：江苏科学技术出版社.

刘大钧，1994. 外源基因在小麦育种中的利用［J］. 作物杂志，42（6）：1-7.

刘大钧，1996. 细胞遗传学［M］. 北京：中国农业出版社.

刘大钧，1994. 向小麦转移外源抗病性的回顾与展望［J］. 南京农业大学学报，17（3）：1-7.

刘大钧，1976. 小麦高产育种的探讨［J］. 江苏农业科技（4）：26-35.

刘大钧，1977. 小麦高产育种问题［J］. 中国农业科学（2）：34-42.

刘大钧，1963. 小麦与黑麦杂交时之结实率与性状遗传［C］//中国科学院遗传研究所遗传学集刊第二集. 北京：中国科学技术出版社.

刘大钧，1984. 小麦育种工作现代化和外源种质的利用［J］. 福建稻麦科技（2）：9-16.

刘大钧，1980. 遗传资源与作物育种［J］. 南京农业大学学报，3（1）：53-57.

刘大钧，1979. 作物育种技术的现代化［J］. 自然辩证法通讯（1）：25-27.

刘文轩，孙文献，陈佩度，等，1998. 将大赖草种质转移给普通小麦的研究：Ⅶ. 一个普通小麦—大赖草等臂染色体异附加系的选育与鉴定［J］. 遗传学报（4）：351-355，386.

柳展基，单雷，徐平丽，等，2001. 禾本科作物基因枪介导遗传转化研究进展［J］. 沈阳农业大学学报，32（6）：465-468.

陆维忠，陈佩度，刘大钧，等，1982. 高产小麦品种宁麦3号的选育［J］. 江苏农业科学（3）：17-20，24.

陆志刚，徐伯元，2009. 常州文物古迹续篇［M］. 珠海：珠海出版社.

马鸿翔，陆维忠，2010. 小麦赤霉病抗性改良研究进展［J］. 江苏农业学报，26（1）：197-203.

齐莉莉，陈佩度，刘大钧，等，1994. 小麦白粉病的新抗源普通小麦—簇毛麦易位系［J］. 作物品种资源（2）：52-53.

齐莉莉，刘大钧，1999. 小麦基因组研究进展［J］. 麦类作物学报，19（1）：1-5.

王传超，2013．大音希声：应崇福传［M］．北京：中国科学技术出版社．

王红谊，张楷，王思明，2001．中国近代农业改进史略［M］．北京：中国农业出版社．

王苏玲，陈佩度，邱伯行，等，1989．普通小麦—簇毛麦染色体异附加系的细胞学稳定性分析［J］．南京农业大学学报，12（1）：9-14．

王耀南，陈佩度，刘大钧，1986．巨大冰麦草种质转移给普通小麦的研究Ⅰ．（普通小麦×巨大冰麦草）F_1的产生［J］．南京农业大学学报（1）：10-14．

王援，1998．天南地北常州人［M］．北京：方志出版社．

翁益群，刘大钧，1989．鹅观草（*Roegneria* C. Koch）与普通小麦（*Triticum aestivum* L.）属间杂种F_1的形态、赤霉病抗性和细胞遗传学研究［J］．中国农业科学，22（5）：1-7，95．

吴国盛，2007．科学的历程［M］．2版．北京：北京大学出版社．

吴沛良，刘大钧，1988．硬粒小麦—簇毛麦双二倍体与普通小麦杂种BC_1和F_2的细胞遗传学研究［J］．南京农业大学学报，11（2）：1-10．

吴琴生，刘大钧，1983．江苏小麦白粉病菌（*Erysiphe graminis* f.sp. *tritici*）生理专化性的初步研究［J］．南京农业大学学报（4）：9-15．

吴振祥，陈冬期，1996．常州概览［M］．北京：中国城市出版社．

许建文，2007．中国当代农业政策史稿［M］．北京：中国农业出版社．

杨坚，2013．梦里麦田是金黄：庄巧生传［M］．北京：中国科学技术出版社．

叶永烈，2010．钱学森［M］．上海：上海交通大学出版社．

曾雄生，2008．中国农学史［M］．福州：福建人民出版社．

张剑，2008．中国近代科学与科学体制化［M］．成都：四川人民出版社．

张宪文，2002．金陵大学史［M］．南京：南京大学出版社．

中国科学技术协会，1999．中国科学技术专家传略 农学编：作物卷2［M］．北京：中国农业出版社．

后　记

　　2018年6月，南京农业大学博士生导师李群教授与我联系，希望重新编撰《刘大钧传》，出于对常州籍院士刘大钧的敬佩之情和报答李老师的授业之恩，我欣然应允。本人深知此次编撰任务的艰巨性，一是遗传育种的专业性极强，刘先生领衔的科研团队在该领域拥有很高的知名度，其科研成果属于国内外一流水平，而本人的文科专业背景与之相距甚远，能否完整反映出刘先生一生的斐然成就，自己心里确实没有把握，深感"隔行如隔山"；二是本人在南农攻读博士期间，曾参与中科协组织的"老科学家学术成长资料采集工程"刘大钧项目，并撰写研究报告《此生只为麦穗忙——刘大钧传》(李群主编)部分内容，但根据中国农业出版社要求，新编传记的重复率不得超过30%，在体现学术性的同时要兼顾可读性，这无疑又加剧了写作难度；三是刘先生生前十分低调，不接受任何媒体或个人采访，可资借鉴的传记素材十分有限。编撰工作启动后，我重新整理了中科协刘大钧项目全部资料，并开始搜集新的写作素材，多次专访刘大钧院士的重要科研助手陈佩度教授、刘大钧的夫人陆家云教授以及其长子刘光宇先生。特别令人感动的是，刘大钧院士的同事、弟子和家人给予了力所能及的帮助，陈佩度教授多次耐心细致地为我讲解遗传育种学专业知识，帮我梳理刘先生的学术成长历程，这成为传记成功撰写的关键基础。南京农业大学农学院王秀娥教授、亓增军教授协助我再次整理了刘院士曾经使用过的科研资料，得以翻拍一批有参考价值的手迹和师生往来书信，补充了新鲜写作素材。

传记初稿完成历时18个月，修改稿又历时1年多，期间得到陈佩度教授、王秀娥教授、亓增军教授、南京农业大学原副校长王耀南先生、江苏省人大常委会农业和农村工作委员会原主任吴沛良以及南京农业大学副校长丁艳锋的多次专业指导，尤其是王秀娥教授多次逐词逐句协助修改专业术语，确保了本书的科学性；国家一级作家张国擎先生从传记写作角度给予了重要的技术指导；李群教授不辞辛劳，多次审阅传记修改稿，提出具体的修改建议；中国工程院原秘书长、《钱三强传》著者葛能全先生审阅了传记初稿，提出宝贵的修改意见，促使传记更加完善；江苏理工学院王红梅副教授承担了部分章节内容撰写及全书校订工作。

新版《刘大钧传》付印之际，我代表编辑出版工作组全体人员再次向刘大钧院士的弟子、同事和家人表示衷心感谢，没有他们的大力支持，编撰工作不可能完成。感谢南京农业大学为编撰工作提供了必要的经费，使得调研和访谈工作得以顺利进行。此外，特别鸣谢中国农业出版社编审徐晖为传记出版进行了大量的组织协调工作。

刘大钧院士为中国小麦遗传育种事业做出了卓越的贡献，诚信严谨的治学为人精神令后人肃然起敬，他的优秀科学家品质已经传承给所有的弟子，在中国作物遗传育种领域产生深远的影响。在传记编撰过程中，我们曾努力追寻过去岁月中刘先生的工作全貌和生活点滴，但囿于众多不可抗因素，传记中仍存在诸多缺憾和不足之处，敬请专家学者和广大读者批评指正。

2021年3月28日，刘琨书于江苏常州